人生を黒字にするお金の哲学

林總
Atsumu Hayashi

WAVE出版

人生を黒字にするお金の哲学

はじめに
お金に余裕のある、幸せな人生を送るために

お金というものはたくさんあればよいということではありません。

当たり前ですが、人生の価値や幸福度、満足度は、収入や資産の多寡でははかれないからです。

「人生を黒字にする」

収入が多くても、幸せではない人もいます。

収入が低くても、楽しく暮らせる人もいます。

黒字の人生とは、仕事や人、健康に恵まれ、お金とうまくつきあっていける人生。終わりに近づいたとき、「私の人生は満足いくものだった」と感じられる人生だと思うのです。そして、どんな人生が黒字であるかは、人それぞれ違います。

もちろん、生きていくために、お金は必要不可欠です。

「貧すれば鈍する」ということわざがありますが、経済的な不安があると、余裕がなくなり、仕事や生活の態度なども荒れてしまうものです。必要なのは、ほんの少しの余裕です。

しかし、お金に対する漠然とした不安にさいなまれている人が多いのも、また事実。人生を黒字にするための第一歩は、お金の不安をなくし、安心してお金を使うことなのです。

「どんな生活を送るか」「どんな仕事をするか」「どんなところに住むか」「どんな人とつきあうか」

これらの選択をするためには、まず、お金というものの本質を理解することが肝心です。人生とお金は、切っても切れないものだからです。

本書は、日々の具体的な節約方法や、投資でお金を増やす方法を解説するものではありません。人生を黒字にするためのお金の考え方、使い方、貯め方の本質を、公認会計士の視点でわかりやすく紹介しています。

本書がみなさんの人生を黒字にするヒントとなれば、非常にうれしく思います。

林 總

人生を黒字にするお金の哲学　目次

序章 人生を黒字にするための予備知識

第1章 お金の不安と決別する

貯める編

第2章 使う編
お金は人生を楽しむためにある

第3章 生きる編

よりよい人生を送るためのヒント

第4章 働く編
価値ある仕事をするためのヒント

編集協力　山崎潤子
装丁　松田行正＋梶原結実
本文DTP　NOAH
校正　鷗来堂

序章

人生を黒字にするための予備知識

序章のポイント

お金をどう使うか、どう稼ぐかは、生きる姿勢にも通じます。

人生における「お金」の本質を理解するために、収入と支出の関係、お金の不安への対処など、大切にしなければならない指針や考え方を紹介します。

人生を黒字にするために大切な3つのこと

私が人生を黒字にするために必要不可欠だと考える、3つのことがあります。みなさんの人生をよりよいものにするために非常に重要な要素なので、まず胸にしっかり刻みつけておいてほしいことです。

❶「誠実」であること
❷「時間」を大切にすること
❸「遠い未来」を見据えること

一見、お金に関係があるようには思えないかもしれませんが、私がこれまでさまざまな会社や人を見てきた結果、社会的に成功していたり、経済的に恵まれたり、幸せな人生を送っている人の多くは、この3つを大切にしているのです。

「誠実さ」がすべてを制する

では、ひとつずつ説明していきましょう。

まずは❶「誠実」であること。

仕事でも勉強でも、また人づきあいにおいても、最後にものをいうのは、誠実さです。


私がとても好きな言葉が「integrity（インテグリティ）」です。

正確に日本語に訳すのは難しいのですが、「integrity」は、「誠実、真摯、品性」といった概念を意味します。

マネジメントの父といわれる、かのピーター・ドラッカーは、経営に最重要かつ絶対不可欠な資質が「integrity」であるとしています。

一般的に経営者に必要なものは、金融・会計知識、向上心、論理性、合理性、経験、人脈などがあげられますが、それらよりはるかに大切なのは誠実さや品性であると、ドラッカーは考えているのです。

誠実さや品性といったものは、人として非常に重要な性質です。いくらお金持ちであっても、ずる賢くて品のない人は、人から好かれません。いくら話がおもしろくても、嘘をついたり人をだましたりする人は、人から信用されません。

人としてよりよく生きるために、誠実であることは何よりも優先されます。お金はなくとも、誠実で品のある人というのは、「貧すれば鈍する」にはあてはまりません。物事に対して誠実に、真摯に向き合う人には、いますぐでなくとも、お金や成功、幸福がついてくるものなのです。

適当なセールス文句でトップの営業成績を上げているＡさんと、営業成績はそれほどよくなくても、誠実で正直な営業をするＢさん。現状はＡさんがすぐれているように見えても、誠実さのない仕事は、クレームの増加や顧客満足度の低下など、会社や商品の信用を落とすことにつながります。つまりＡさんは、結果的に会社にとって損失になるのです。

営業成績は突出していなくとも、顧客から信用されるのはＢさんです。結果的にほかのお客さまの紹介があったり、クレームも少ないものです。3年後、5年後に頭角をあらわすのは、見えないところで会社に貢献しているBさんです。

また、一夜漬けで暗記をして100点をとったとしても、本当の力にはなりません。非効率のように思えても、日々コツコツ、わからないことを理解しながら進めていく勉強法のほうが、本当の力になるものです。一夜漬けでテストはパスできても、社会に出てから勉強したことが生きるのは、コツコツ型です。

誠実さというのは、友人や恋人、同僚や上司など、さまざまな人間関係を築いていくにあたって、非常に大切な指標です。

企業が面接で採用する人を決めるのは、学歴や経験といったスペックだけではありません。最終的な判断は、誠実そうかどうかといった人間性が垣間見える部分ではないでしょうか。結婚する相手を考えるときも、誠実さは、非常に大切な条件になります。

そして、誠実か否かというのは、お金とのつきあい方にも大きく関係するものなのです。

「時間」の価値はお金よりも高い

次に❷「時間」を大切にすることです。

お金とのつきあい方を考える前に、確認しておいてほしいのが「時間」の価値です。

「お金はちゃんと考えて使いなさい」と、両親から教えられた人は多いでしょう。しかし「時間はちゃんと考えて使いなさい」と教えられた人は、少ないのではないでしょうか。

世の中には、何十億という資産を持ったお金持ちが存在します。普通の人でも、頑張れば人並み以上に稼ぐこともできるでしょう。また、お金は誰かから借りたり、投資などで増やすこともできます。

お金は無限に増やすことが可能ですが、時間は有限です。現代の最新医学をもってしても、せいぜい90年から100年くらいしか生きることができません。並外れた資産家であっても、人生を200年にすることは不可能です。もちろん、誰かからもらったり、借りることもできません。お金持ちであろうとも、貧乏な人であろうとも、与えられた時間は平等なのです。

「時は金なり（Time is money）」という言葉がありますが、時間はお金以上に大切なものです。時間を軽視する人の人生が黒字になることは決してありません。逆をいえば、時間をうまく使えている人の人生は、すでに黒字であるともいえるのです。

お金にルーズな人というのは、時間にもルーズなものです。日ごろから「お金がない」と嘆く人は、たいてい「少しくらい遅れてもいいや」と約束の時間に遅れてきます。誠意あるすぐれた人物は、どんなに偉くなろうとも、約束の時間はきっちり守るものです。

お金も時間もよく考えて、意識的に使うことが大切です。

だらだらと無為に時間を過ごすことは、あなたに与えられた貴重な財産をドブに捨てているようなものです。また、嫌なこと、楽しくないことに多くの時間を費やすのは、時間の無駄づかいといえるでしょう。

「目の前の現在」よりも「遠い未来」を見る

最後に、❸「遠い未来」を見据えることです。

いかなるときも、できるだけ先を見ながら行動してほしいのです。

実は、先を見通すことは思った以上に難しいものです。

先を見通すということは、計画を立てて行動することです。そのためには、相当な知性が必要です。多くの人は目の前の現実だけを見て、物事を決めてしまいがちなのです。

目の前だけを見てさまざまな選択をすると、失敗したり後悔したりすることが多くなります。

たとえば現在の月収が30万円の仕事と、20万円の仕事があります。現在の収入だけ考えれば、30万円の仕事を選びたくなります。しかし、前者の仕事は伸びしろがなく、10年たっても20年たっても、30万円のまま。対して後者の仕事は、いは20万円だけれど、順調にいけば10年後は30万円、20年後は50万円へと上がっていくのです。目の前しか見えない人は前者の仕事を選び、遠い未来を見据える人は後者の仕事を選ぶでしょう。

また、車を運転するときには、遠くを見るように指導されます。遠くを見ることで視野が広がり、リスクを察知することができるからです。先の信号を見ていれば、スピードのコントロールも容易にできます。目の前だけを見ていると、前方の車の急停車などに対処することが難しくなるのです。

人生を黒字にするためには、できるだけ若いうちに、できるだけ遠くに目標を定めておくことが大切です。人生を80年とするなら、80年の事業計画を練る必要があるのです。

細かな計画である必要はありません。ぼんやりとでもいいから、こんな人生を送りたいとか、こんな人物になりたいとか、こんな仕事をしたいとか、できるだけ遠くに目標を立て、それを目指しながら行動してほしいのです。

目安としては、「60歳の自分はどうありたいか」を目標にするくらいがおすすめです。

とはいえ、20代の若者であれば、数十年後の自分を想像するのは難しいかもしれません。せめて、10年、20年先の未来を見据えながら、行動してみてください。20代なら30～40代、30代なら40～50代、すでに60歳を超えている人は、70～80代になったときの自分を想像してみるのです。

なりたい自分になるためにいま何をすべきか、おのずと見えてくるはずです。

お金は流れる血液である

お金とは、いったいなんでしょうか。

いうまでもなく、お金は生活の糧です。貨幣経済において商品やサービスと交換するための手段です。

私たちは何らかの方法でお金を手に入れて、食べ物や衣服、住まいをはじめとするさまざまな商品やサービスと交換します。

たとえるなら、お金は人体における血液のようなものです。

血液の流れは、私たちの健康と深く関わっています。血液は酸素や栄養分を全身に運び、細菌やウイルスなどと戦う大切な役割を担っているのです。

お金も同じです。世の中にお金が活発に循環すれば景気がよくなり、お金の流れが滞れば、景気が悪くなります。

体内で新しい血液がつくられなければ、血液が足りずに死んでしまいます。同じように、お金が入ってこなければ、私たちの生活は立ち行かなくなります。

血流が悪くなれば、ドロドロの血液となって病気の原因になります。同じように、使わずに貯め込んでいるだけでは、お金はその能力を発揮できません。

私たちはお金を稼ぎ、お金を使って生活しています。お金とうまくつきあうためには、収入と支出をほどよく循環させながら、いかにバランスのよいキャッシュフロー（お金の流れ）をつくるかがカギとなります。

お金の流れがいかに大切か、簡単に説明しましょう。

いま、あなたが5000万円持っているとします。5000万円といったら、相当な大金です。そう簡単に貯められるお金ではありません。5000万円も持っていたら「自分はお金持ちだ」と考える人も多いのではないでしょうか。

しかし、いくら5000万円の大金を手にしても、新しい血液（収入）がなければどうなるでしょうか。大金と思えた5000万円も、年500万円使えば、たった10年で使いきってしまいます。

一度に5000万円を稼ぐことはなかなかできませんが、毎年500万円稼げば10年で5000万円。10年あれば稼げる額なのです。

このことから、定期的な収入がいかに重要であるかがわかると思います。細々でもよいのです。コンスタントにお金を稼ぎ続けることの重要性を、心に刻んでおきましょう。なにせ、お金は血液なのですから。

健康な人は、血液がうまく循環しています。

同じように、入ってくるお金と出ていくお金を意識しながら、健全な家計を保つことが、人生を黒字にするための基本です。

お金の余裕は収入の多寡では決まらない

お金に余裕がないと、人生は楽しくありません。

身も蓋もないことをいうようですが、それが事実なのです。

しかし、ここでいう「余裕」というのは、収入の額ではありません。

お金に余裕があるとは、「自分が必要なだけお金を使った上で、あまりがあること」。つまり、収入が支出を常に上回っている状態のことです。問題なのは、収入の多寡ではありません。

100の支出で満足であれば、120の収入があれば十分です。しかし、200の支出が必要であれば、120では足りません。収入以下で満足して暮らせることが、お金に余裕があるということなのです。

年収1000万円と聞けば、一般的には高収入の部類に入るでしょうが、高収入でも余裕のない人は驚くほどたくさんいます。都心のタワーマンションに住み、子どもを小学校から私立に通わせ、ブランド品を身につけるような暮らしを送れば、年収1000万円では到底まかなえません。家計は火の車です。

たとえ年収300万円でも、共働きで小さな家を買い、やりくりしながら貯蓄のできる暮らしをしている人はたくさんいます。「お金に余裕がある」というのは、こういうことです。

お金に余裕のある暮らしというのは、身の丈に合った生活を送ることです。収入の範囲内で工夫して楽しく暮らし、少しずつ資産を増やしていければよいのです。

多くの人は、途方もない額のお金がほしいわけではありません。資産が100億円あっても、どうしていいかわかりません。多くの人が考える「お金の余裕」とは、衣食住に困らないこと、子どもがいる場合は、十分な教育を受けさせること、老後の不安がないこと……。このくらいではないでしょうか。

収入に合わせた暮らしを送るということは、健全な家計をまわす上で何よりも大切です。人生を黒字にするためには、収入以下の支出でいかに人生を楽しむかが肝心です。

マネープレッシャーをなくす

人生を黒字にするためには、マネープレッシャーをなくすことが大切です。

マネープレッシャーとは、お金のない不安、お金に関する不安のことです。生活資金が足りない、来月の支払いは間に合うだろうか……など、お金の不安にさいなまれていては、人生を楽しむことはできません。

逆をいえば、「お金の不安がない」だけで、人生の満足度は格段に上がるものなのです。

お金に関する不安の多くは、収入が安定しないことによって起こります。つまり、マネープレッシャーを小さくするためには、「お金が途切れる心配」を取り除くことが重要です。

前述したように、お金は体をめぐる血液のようなもの。月に20万円でも30万円でも、定期的にお金が入ってくるということは、非常に大切です。

定期的な収入を得るためには、収入源（仕事）を確保しなければなりません。

私を含む自由業（自営業）は、勤務先の会社が定期的な収入を保証してくれるわけではありません。どこかの会社にコミットして仕事をすればしばらくの収入は保証されますが、長くても3年から5年くらいです。ですから、会社員よりもマネープレッシャーが大きいといえるでしょう。

会社員であればマネープレッシャーがないかといえば、そうではありません。多くの人は意識していませんが、転職をしたり、リストラや倒産の憂き目に遭ったりする可能性は、誰にでもあります。

大小はありますが、誰にでもマネープレッシャーはあるのです。

マネープレッシャーを小さくするためには、

・収入を常に確保すること
・自由業（自営業）の場合、少なくとも2、3年先の仕事（収入）が見込めること

が大切です（もちろん、支出を収入以下にするのが大前提です）。

いつ何が起こるかがわからないのが世の中です。ここでも、常に先を見て、行動することが大切になります。

もしも収入が途絶えるようなことがあっても、半年くらいは食べていける貯蓄をプールしておくことで、マネープレッシャーを小さくすることができます。

複式簿記がマネーを制する

みなさんは「複式簿記」という言葉を聞いたことがありますか。

簿記とは、日々のお金の取引を記録・計算・整理することです。会社経営や事業活動には、簿記や会計の知識が不可欠です。

そして、簿記は❶単式簿記と、❷複式簿記の2つに大別することができます。

みなさんに知っておいてほしいのは、❷複式簿記の考え方です。複式簿記の記帳の方法を覚える必要はありませんが、まずはこの2つの違いを理解しておきましょう。

単式簿記と複式簿記の違い

単式簿記と複式簿記について、ごく簡単に説明しておきましょう。

❶単式簿記

一般的な家計簿や銀行の通帳のように「いくらお金が入ったか、いくらお金が出ていったか」という現金の動きを記録する方法です。収入と支出をシンプルに表記します。

❷複式簿記

複式簿記は、お金の取引を2つの面（原因と結果）で表現するものです。たとえば、現金が入金されたら、それが売上代金なのか借入金なのかを借方・貸方という形で左右にわけてあらわすのです。複式簿記の結果は、貸借対照表（バランスシート）と損益計算書で要約されます。

複式簿記なら、財務状況がひと目でわかる

お金とうまくつきあうには、複式簿記の考え方が重要になります。

企業会計においては、複式簿記を使うことで、会社の業績と財務状況がひと目でわかるからです。

企業会計も家計管理も、基本的なしくみは同じです。みなさんの家計管理においても、ぜひ複式簿記の視点を持つようにしてください。

左ページの図のように、単式簿記ではいくら稼いだか、いくら使ったか（つまり業績）はわかりますが、財務の全容は把握できません。

対して複式簿記では、常にわが家にはいくら資産があって、いくら負債があるのか、その差（純資産）はどのくらいかをつかむことができます。

資産は普通預金、定期預金、株式、マンションなどです。負債はなんといっても住宅ローンが最も高額です。そして、差額が純資産です。いますべての資産を売却して借金を返したら手もとにいくら残るか、その金額が純資産です。

単式簿記と複式簿記

①業績

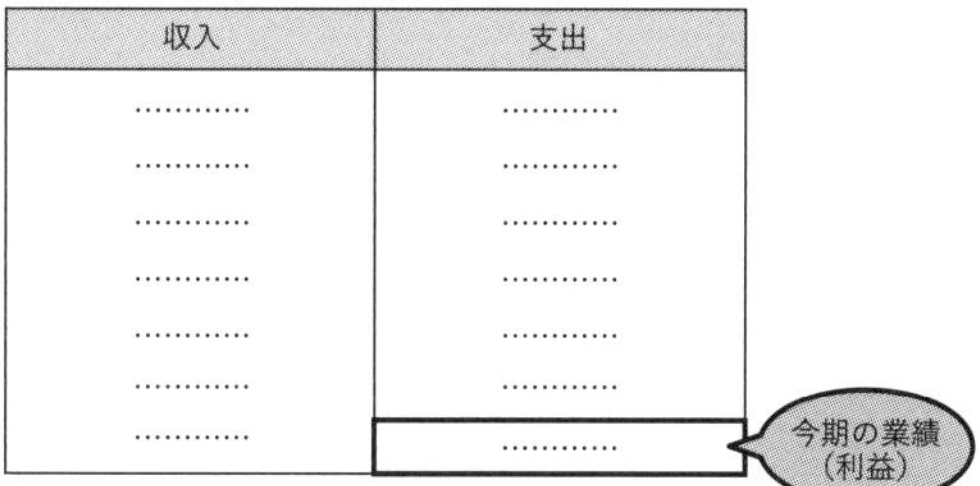

お金の出入り（収入と支出）がわかる。

②財務の状況（バランスシート）

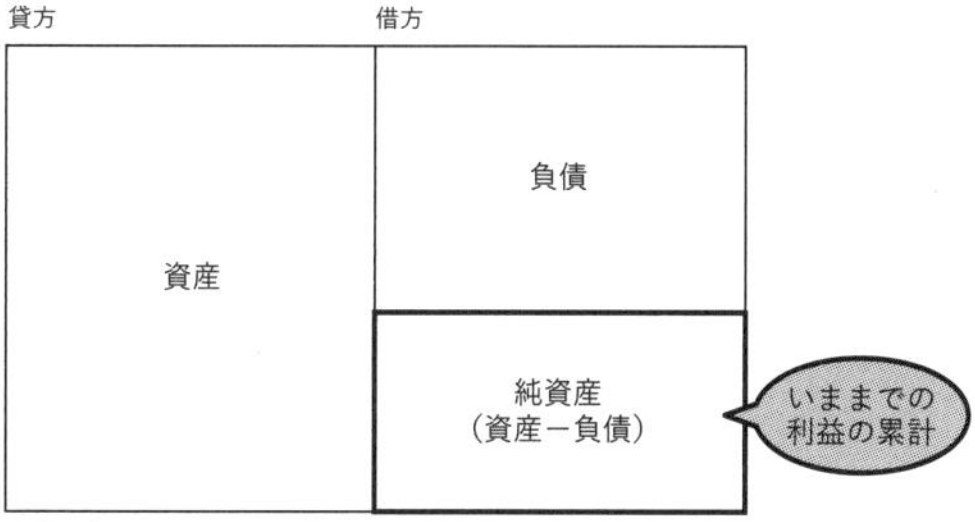

資産と負債のバランスがひと目でわかる。

- 単式簿記は①業績のみ
- 複式簿記は①業績も②財務の状況もわかる

複式簿記で日本の財政を見てみると……

いまの日本は借金が1000兆円もあるといわれます。国民1人あたりに換算すると800万円以上です。「日本の財政状況は大丈夫なのかな。このままでは日本はダメになってしまうのでは……」と、不安に感じている人も多いと思います。

しかし、借金ばかりをクローズアップするのは、単式簿記の見方です。たとえば借金が1000万円あっても、同じくらいの資産があれば、大きな問題とはいえません。多くの人が住宅ローンで大きな借金ができるのも、同時に不動産という資産を手にしているからです。

では、日本の資産を複式簿記で見てみましょう。

借金1000兆円に対し、日本の資産は現金・預金、固定資産、有価証券、貸付金などを合わせ、なんと700兆円近くに上ります。このことを考えれば、日本の借金について心配しすぎることはないということになります。

バランスシートの右側だけを見れば心配になりますが、左側の資産を見れば、日本は他国にくらべても莫大な資産を持つ、世界有数のお金持ち国なのです。

これは、日本の国債の金利の低さからもうかがえます。

国債の金利が低いということは、リスクも低いということです。すなわち日本円に対する信用が、いかに高いかということの証明でもあるのです。

序章のまとめ

・人生を黒字にするためには、❶誠実さ、❷時間の重要性を知ること、❸遠い未来を見据えることが重要。

・お金は血液のようなもの。収入と支出をほどよく循環させることが大切。

・お金の不安がなくなるだけで、人生の満足度は増す。

・家計においても「複式簿記」の考え方を持ち、常に資産と負債を把握しておく。

第1章

貯める編

お金の不安と決別する

第1章のポイント

お金の不安の正体は、先が見えないことです。お金ときちんと向き合い、先を見通すことができれば、マネープレッシャーは小さくなります。そして、お金について考えるのが楽しくなり、安心して暮らせるようになります。

本章では、貯蓄の意味を考えるとともに、無理なく自然にお金が貯まっていくしくみづくりについて解説します。

見て見ぬ振りがいちばん怖い

お金について、最も危険で恐ろしいこと。

それは〝見て見ぬ振り〟をすることです。

みなさんの中にも「漠然としたお金の不安がある」という人は多いのではないでしょうか。老後資金や教育費が心配だけれど、何をどうしてよいのかわからないのでそのままにしている、という状態です。

人間誰だって、嫌なことはやりたくないし、できれば避けて通りたいものです。お金について見て見ぬ振りをするのは、嫌な結果が出そうだからやりたくないということなのでしょう。

「とりあえずいまはなんとかなっているし、めんどうなことはできるだけ考えたくない」

これが多くの人の本音かもしれません。

たしかに、なんとなくお給料をもらい、なんとなく生活し、それでなんとかなっている人はたくさんいるでしょう。

お金の不安にさいなまれて貯蓄に精を出し、なかなかお金を使えないという人もいるかもしれません。

でも、マネープレッシャー（お金の不安）は消えていません。

お金のことを考えることは、怖いことでも、嫌なことでもありません。むしろワクワクするような、楽しいことです。

「頭隠して尻隠さず」というように、見て見ぬ振りをすることは、危険と向き合わずに身を危険にさらしているのと同じことです。自分の人生とお金との関わりをきちんと把握することで、お金に関するリスクを最小限に抑えることができるのです。

マネープレッシャーを小さくして、安心して人生を送るために、まずはお金ときちんと向き合いましょう。

貯蓄は〝将来の支出〟である

私たちは、いったいいくらお金を貯めればいいのでしょうか。

それを考える前に、「貯蓄」とはいったい何かを、改めて考えてみましょう。


貯蓄というのは、将来の支出です。

たとえば住宅ローンの頭金、子どもの教育費、老後の生活資金、いざというときの予備費など、将来必要になるであろうお金をプールしておくこと。

それが貯蓄です。

目標もなくお金を貯めることは、貯蓄の本来の意味からはずれています。

お金はたくさんあれば安心かもしれませんが、そのために人生の大半が爪に火を灯すような生活になるのでは、意味がありません。天国にお金を持っていくことはできませんから、やみくもに貯める必要はないのです。

少しの余裕をもって、人生を歩んでいけるだけのお金があれば十分です。

ですから、必要な貯蓄額は人によって違います。

1000万円で十分足りるという人もいれば、5000万円必要だという人もいるでしょう。1000万円で足りる人は、5000万円貯める必要はないのです。また、500万円は10年後に必要になり、もう500万円は20年後に必要になるといった、使うタイミングの違いもあります。

いくら貯めるべきかは、将来の支出を知ることでおのずとわかるというわけです。同時にいま、いくら使えるかもわかります。

お金を使うことは、怖いことでも、悪いことでもありません。

考えないで使うから、不安が残ったままなのです。


まずは、あなたの人生の収支を概算してみましょう。

人生の三大支出といわれているものは、住居費、教育費、老後資金です。

たとえば4000万円で家を買い、子どもの教育費に2000万円（1人あたり1000万円×2）が必要で、老後は2000万円＋年金（＋退職金）で暮らしていくとすれば、三大支出だけで8000万円ほどの支出が確定します。

一般的な会社員の生涯賃金は、手取りで約2億円といわれています。

2億円で概算してみると、大学卒業の23歳から年金受給年齢の65歳までの42年間で、三大支出以外に使えるお金は、平均で年間約286万円、月に約24万円ということになります。

もちろん、収入や住居費、結婚しているか否か、共働きか否か、子どもの数などによって、収支は大きく変わります。

すでに持ち家があるなら住居費はほぼかかりませんし、子どもがいないなら教育費は必要ありません。大きなお金がかかる趣味がある人は、三大支出以外にもその分をプールしておく必要があります。

また、退職金がなく、年金の少ない自営業者であれば、老後資金はもう少し必要でしょう。逆に退職金や年金の額が潤沢であるなら、老後資金は少なくても大丈夫かもしれません。

いくら貯めるべきか、使ってよいのかは、人生を見通して、概算しておくことが可能なのです（くわしい計算方法は『正しい家計管理（小社刊）』で解説しています）。

さて、みなさんの将来の支出はどのくらいになりそうでしょうか。

将来の支出に照らし合わせたとき、現在の生活費が多すぎたり、少なすぎたりしていないでしょうか。

人生を黒字にするために、バランスのよい貯蓄と支出を心がけてください。

月１万円で大金を手にする

お金を貯めるときに、必要なことがあります。

それは、絶対に実現させる目標です。

たとえば、30歳のあなたが「老後資金を１０００万円くらい貯めたい」という目標を立てたとします。

１０００万円といえば、かなりの大金です。

「うちは収入が低いから、１０００万円なんて到底無理だなあ」という人もいるかもしれません。そこで現実から目を背け、あきらめてしまう人も多いのです。

ここで必要になるのが、先を見通す力です。

たとえば、いまのあなたは、月に1万円しか貯められません。月1万円なら、年間12万円です。

「なんだ、たった12万円か」と思いますか？　そう考える人は、絶対にお金を貯めることはできません。

月に1万円でも、10年で１２０万円、30年で３６０万円です。夫婦２人で貯めれば、７２０万円になります。これだけあれば、老後の大きな力になるのではないでしょうか。

月1万円なら、誰にでも可能な貯蓄額です。月に1万円の貯蓄だって、やるとやらないとでは大違いなのです。

仮に最初の10年は1万円、次の10年は2万円、次の10年は3万円というふうに貯蓄額を上げていけば、１人でも７２０万円、２人なら１４４０万円です。

余裕のある人は、月に3万円貯蓄できれば、30年で1080万円になります。月に5万円なら、1800万円です。

つみたてNISA（NISA：少額投資非課税制度）やiDeCo（個人型確定拠出年金）などを利用して、安全に資産を積み立てていくのもおすすめです。

目標を達成するためには、当然ながら、貯蓄には手をつけないことが絶対条件です。老後資金と決めたのに、途中で車を買うために使ったりすれば、目標達成は不可能です。

もうひとつ大切なのは、時間を味方につけ、できるだけ早くはじめること。はじめる時期が早ければ早いほど、大きな実をつけることになるのです。30年で1000万円貯めるには月3万円弱で達成できますが、10年で1000万円貯めようと思えば、月8万円以上の貯蓄が必要です。

チリも積もれば山となるとはよくいったものです。

お金が貯まらないと嘆く人は、無駄づかいで価値のないチリを撒き散らしているだけ。だから貯まらないのです。

・できるだけ先の未来を見通す
・目標を決める（金額・期間・使途）

貯蓄を考えるときは、このことを忘れてはいけません。

一家の経営者となって健全経営を続ける

自分、そして家族の経済を成り立たせ、お金の管理をしていくということは、会社経営と同じようなものです。

あなたは、一家の経営者なのです。

会社を経営し、存続していくためには、利益を出すことが必要です。家計管理では、貯蓄が利益にあたります。

会社経営で赤字が続き、債務超過になれば、倒産してしまいます。

しかし、家計を倒産させることはできません。人生を破たんさせるわけにはいかないからです。

しかし、家計も赤字になれば、誰かに借金をしなくてはならなくなったり、必要なことにお金を使えなくなったりします。

会社経営も家計管理も、健全な黒字であることが重要です。

会社が利益を追求しすぎて製品やサービスの質を落としたり、低賃金・過重労働で社員の待遇を悪化させたりすれば、いつか破たんに追い込まれるでしょう。

家計も同様で、貯蓄に励むあまりに生活に支障が出るようでは、健全な黒字とはいえません。

また、家計管理というと、結婚してから、家族を持ったらおこなうものと考えている人も多いのですが、ひとり暮らしでも立派な家計です。

あなたは、あなたの人生の社長でもあるのです。荒波にもまれながらも、黒字をキープし、人生という海の航海を続けなければなりません。

資産と負債を把握する

家計管理に会社経営のヒントを取り入れることで、お金はずっとわかりやすくなり、黒字の人生へ近づくことになります。

突然ですが、あなたは次の4つについて、即答できますか？

❶月間の手取り収入
❷年間の手取り収入
❸資産総額（現金・預金・有価証券・不動産などの総額）
❹負債総額（住宅ローン・カーローン・カードローン・貸与型の奨学金などの総額）

❶については、答えられますよね。
❷についても、源泉徴収票を見ればわかります。

しかし、❸❹について、即答できる人は少ないのではないでしょうか。

序章で説明した複式簿記（28ページ参照）で家計を考えるためには、❸❹を常に意識することが大切です。

❸は、銀行口座が複数あったり、会社で財形貯蓄をしていたり、所有している不動産の価値がよくわからなかったりで、総額があいまいだという人が多いものです。不動産を所有している場合、不動産取引サイトなどを利用して、年に一度くらいは不動産価格の目安を把握しておくとよいでしょう。

❹については、まったくない人もいるでしょうが、住宅ローン返済中の人などは、返済予定表などで返済（融資）残高を確認しておきましょう。

・お金を使い、幸福になること
・1円でもいいから純資産（資産－負債）を増やし続けること

この2つが家計管理の目的です。

家計は原則、現金主義ですから、入ってきたお金と出ていったお金の差額が純資産の増加です。わが家の純資産はいったいいくらか、順調に増えているかを確認するためには、資産と負債を把握することが大切なのです。

家計簿をきちんとつけているのに、資産と負債についてははっきりわからないという人は、意外に多いものです。

できれば月に一度、難しければ3カ月に一度くらいは、必ず❸❹の額を確認しておきましょう。

そして、あなたの家計のバランスシート（31ページ参照）をつくってみてください。❸－❹が純資産になりますから、あなたの富がしっかり増えているかどうかを確認するのです。

住宅ローンを返済中の人は、返済が進めば❹は減っていきますが、経年劣化などで不動産価格が下がる場合もあります。

定期的にバランスシートを作成して、❸❹のバランスをたしかめ、家計を引き締めていきましょう。

冷蔵庫を見ればすべてがわかる

お金を貯めるのが上手な人、下手な人は、冷蔵庫を見ればわかります。

お金が貯まる家庭の冷蔵庫には、必要最低限のものしか入っていません。

なぜなら、無駄なものを買わず、自分たちがおいしく食べきることのできる分だけ買うからです。

いくらスーパーの特売で安く売られていようと、不必要なものは決して買わないのです。

要するに、先の見通しができているということです。

買い物をするとき、「これは明日のおかずにしよう」「あれは今月中に食べよう」などと、ある程度予測しながら買っているわけです。そのため冷蔵庫内に「いつ食べるのかわからない」「いつか食べよう」という食品がありません。予定を管理できないものは買わないのです。

これは、在庫やつくりすぎの無駄を徹底的に省く「トヨタ方式」に通じるものがあります。

対してお金が貯まらない家庭の冷蔵庫には、不必要なものが驚くほどたくさん押し込まれています。

消費期限切れの食品、一度しか使っていない調味料、いつのものかわからない冷凍した肉や魚……。

これらは、先を見通していないことによって発生します。

「安かったから」「おいしそうだから」という理由だけで食品を買うため、計画性がないのです。

食べきれないものを買えば、いくら安くても無駄になります。

野菜や魚などの生鮮品は新しいほうがおいしいですし、消費期限を大幅に超えたものを口にすれば、お腹を壊す危険性もあります。捨てれば資源の無駄になりますし、もったいないからと無理に食べようとすれば、太るだけです。

それに、食品を詰め込みすぎると、電気代もかかります。

わが家の場合、冷蔵庫に入っている食品は6割、多くて7割程度です。

妻は賞味期限（消費期限）に厳しく、1日でも期限を過ぎそうなものは絶対に買いません。ですから、期限切れの食品が冷蔵庫に残っていることはほぼ皆無で、冷蔵庫はいつもすっきりしています。

私自身は少しくらい期限が過ぎてもいいじゃないかと思うのですが、妻は徹底しています。そして、明日までに期限が切れるものは、なぜか私が食べることになるのです（笑）。

本当のところ、家計簿はつけなくてもいい？

家計の相談を受けるとき、「家計簿はつけたほうがいいのでしょうか？」とよく聞かれます。

結論からいえば「つけないよりはつけたほうがいいけれど、めんどうならつけなくてもいいですよ」というのが、私の本音の答えです。

家計簿をつける・つけないの前に、家計簿の意味を考えてみましょう。

一般的な家計簿は、日々の収支をつけていく、単式簿記方式の記録です。

これは自分がお金をいくら使ったか、何に使ったかという支出の傾向を知るためには、有効な方法です。

つまり、家計簿において何より大切なことは、振り返り（分析）です。

大根1本198円、キャベツ1玉148円……と、1円単位の支出を記録することに、大きな意味はありません。

「どうしてお金が貯まらないのかわからない」という人は、1カ月でも2カ月でも、家計簿をつけてみてください。そして、なぜお金が貯まらないのかを分析してみるのです。

お金が貯まりにくい家計には、必ず理由があります（くわしくは第2章で述べます）。その理由について見て見ぬ振りをするのではなく、直視して改善していくことが、貯まる家計をつくるための大前提です。

日常生活における家計の弱点を知るには、家計簿を1、2カ月つけただけでもある程度把握できますが、家計を体系的に分析するためには、大雑把でもかまいませんから、1年間の収支を振り返ってみましょう。

年末年始の帰省費用や休暇中のレジャー費、自動車税や固定資産税など、毎月はかからないけれど毎年かかる特別支出があります。また、ボーナスなどの臨時収入がある月、繁忙期などで残業代が増える月もあるでしょう。

1年間の収支をつかむことで、こういったイレギュラーな収支を含んだ、年単位の分析をすることができます。


いずれにせよ、記録した数字や項目をじっと眺め、家計の弱点を把握することが、家計簿をつける意味です。

ですから、ある程度安定的に家計管理ができているという場合、家計簿はつけてもつけなくてもいいのです。


ただし、家計簿をつけない場合でも、収支の金額だけは、必ず管理・把握しておいてください。

要するに、今月はお金がいくら入ってきて、お金がいくら出ていったかという数字です。

収支を管理・把握することで、使いすぎた月などにアラート（警告）を出すことができ、翌月で調整するなどのコントロールが可能になります。

収支がわかれば、純資産がいくら増えたか（減ったか）も、おのずとわかるはずです。

貯蓄は絶対的な義務である

「お金を貯めるにはどうすればいいのでしょうか？」とよく聞かれます。

答えはごく簡単です。収入が支出を上回ればよいのです。

入ってくるお金よりも出ていくお金が少なければ、自然にお金は貯まっていきます。

「それができないから困っているんです」という人もいるでしょう。しかし、資産を増やしていくことは、家計の義務でもあります。家計は会社と違い、破たんさせるわけにはいきません。

貯蓄は絶対にしなくてはならない、あなたの義務なのです。

お金を貯めるには、次の2つが重要です。

❶毎月の収入から、貯蓄を天引きにする
❷貯蓄を天引きした残り（予算の範囲内）で暮らす

手取りの収入が月30万円、貯蓄額を月5万円と決めたとします。給料が出たらすぐさま5万円を貯蓄分としてよけておく。そして、残りの25万円で生活する。これを死守するだけです。

とにかく、貯蓄分を先取りすることが絶対条件です。「あまりが出たら貯蓄しよう」ではダメなのです。

貯蓄を引いた残りの25万円を何に使おうがかまわないと私は考えます。「節約してできるだけあまらせよう」と考えるよりも、「25万円を好きなことに使える」ほうが楽しいと思いませんか？

おいしいものが好きなら外食が多くてもいいでしょう。熱中している趣味があるなら趣味にお金を使うのもいいでしょう。とにかく、予算の範囲内で生活するというのが、貯まる家計の基本です。

当たり前のことですが、これができない人が多いのです。

会社員なら毎月のお給料が決まっているでしょうから、貯まるかどうかの決め手になるのは「いくら使うか」という支出の部分です。

多くの人は、自分の収入はわかっていても、経常的な支出がどれだけあるかわかっていません。

家計簿の存在意義は、収入内で生活し、支出をコントロールするためにあります。家計簿をつけるのがめんどうだという人も、いくら使ってよいのかという予算管理だけは必ずおこないましょう。

とはいえ、決めた予算をオーバーしてしまう月もあるでしょう。25万円と決めても、想定外の事情で30万円使ってしまう月もあるはずです。

そういうときは、自分の中でアラートが出ることが大切です。「今月はよけいに使ってしまったな」という自覚が大切だということです。

自覚があれば、オーバーした5万円分を、その後数カ月支出を抑えることで調整していくことができます。この調整が大切です。

これは、ダイエット（体重管理）と似ています。

旅行や外食などで食べすぎたと思ったら、翌日から食事量を少し減らして、調整すればよいのです。食べすぎを放置して何の対策も打たなければ、あなたの体重はじわじわと、気づかないうちに増えていくはずです。

これを阻止するためには、毎日体重計に乗る習慣が必要です。家計管理における収支の管理・把握がこれにあたるわけです。

お金を貯めるのはこんなに簡単

お金を貯めるのが難しいという人は、自動的に貯まるしくみをつくってしまえばいいのです。

ここで、わが家が行っていたシンプルな家計管理システムを紹介しましょう。

それは、お金の場所をきちんと決めておくことです。

わが家では銀行口座を次の4つにわけ、お金の場所と用途を徹底していました。

❶入金口座
❷貯蓄口座
❸生活口座
❹引き落とし口座

❶入金口座は、給料の振込口座です。ここに入金されたお金を、機械的に❷❸❹に振りわけるのです。

毎月の貯蓄額を5万円と決めたら、毎月決められた日（給料日の直後など）に❶入金口座から❷貯蓄口座へ自動で5万円を移動します。

住宅ローンを返済している人は、❶入金口座から❹引き落とし口座へ返済額を移動します。携帯電話料金などの引き落としがある場合、❹にまとめて移動してもかまいません。

最後に、❶入金口座に残ったお金を❸生活口座に移動し、❸にあるお金で生活します。

これだけです。最初に貯蓄分（＋引き落とし分）を別の場所によけておき、残ったお金で生活すれば、間違いなく貯まります。とてもシンプルです。

わが家では、妻が毎月❶入金口座からお金を引き出し、手動で❸❹に振り込んでいました。お金を振りわけるのが毎月の儀式のようになっていたわけです。

手動でお金を移動するのはめんどうなようですが、ひと手間をかけることで、

4つの口座で貯まるしくみをつくる

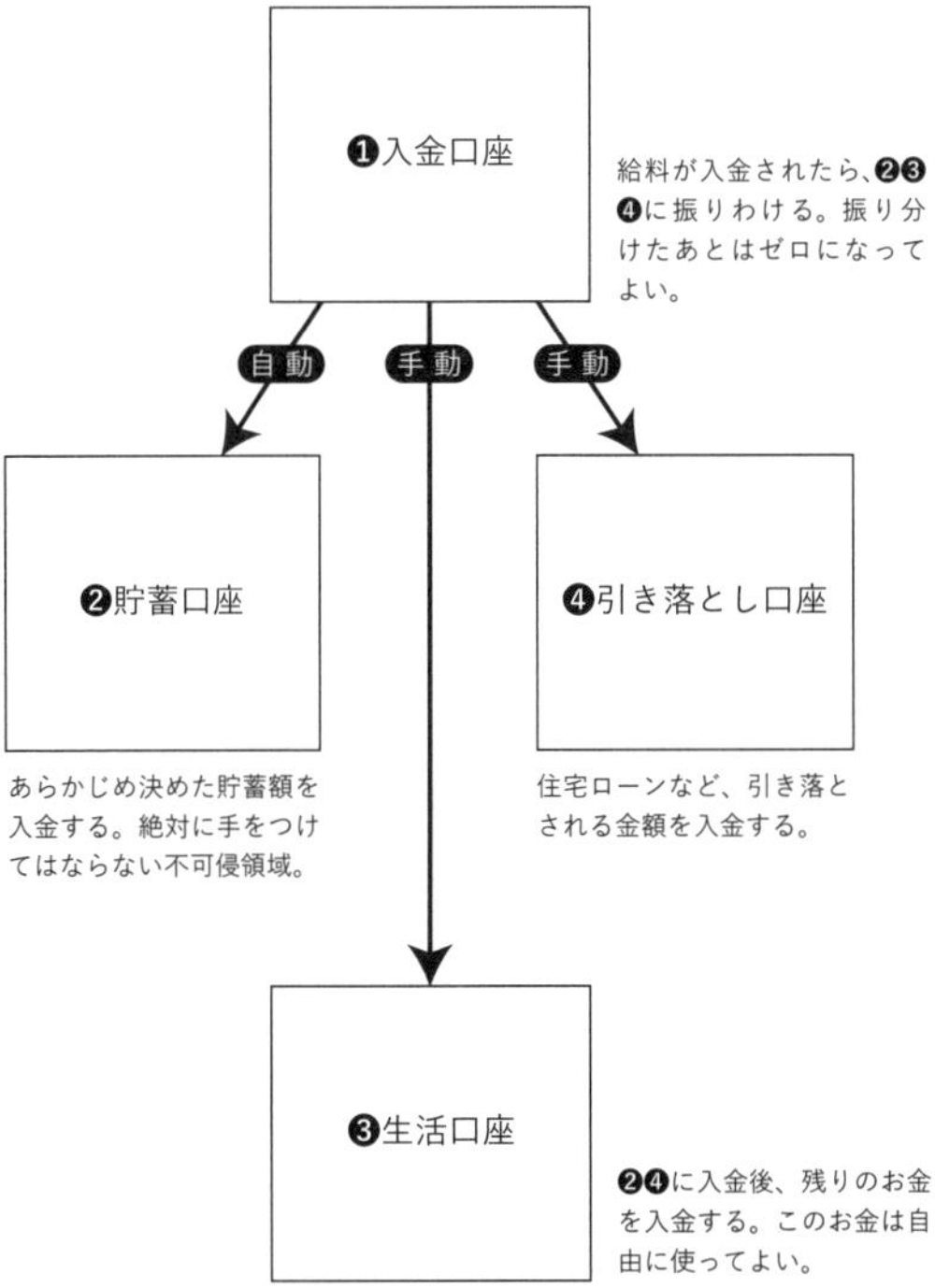

引き出すことがめんどうになったようです。

時間がないという人は、自動振込やネット振込を利用してもよいでしょう。

この方法をそっくりそのままなぞれというわけではありませんが、自分なりの貯まるシステムをつくることです。

肝心なのは、先に貯蓄分を強制的に別の口座に移すこと。

そして貯蓄は不可侵領域として、絶対に手をつけないこと。貯蓄の使途は住宅ローンの頭金や教育費などあらかじめ決められた支出、あるいは突然の失職等で収入が途切れた場合のみです。

洋服やバッグがほしい、旅行に行きたいといった理由で、大切な貯蓄に手をつけてはいけません。それらの支出は、生活口座にあるお金の範囲内でまかなうべきものです。

人間、一度手をつけると「もうちょっと、もうちょっと……」とずるずる引き出してしまうものです。

たとえば、貯蓄口座はキャッシュカードをつくらないといった工夫をしておくとよいかもしれません。

わが家では、結婚して以来、つい最近まで貯蓄口座に手をつけることはありませんでした。

クレジットカードはどう管理する？

毎月の収支を管理するときの問題に、クレジットカードがあります。

分割払いやリボ払いなどを利用して無駄な手数料（金利）を支払うのはもってのほかですが、一回払いなら手数料もかからないし、ポイントもつくため、クレジットカードを利用しているという人も多いでしょう。

しかし、お金の管理ができない人はクレジットカードを利用すべきではありません。

クレジットカードで買い物をすると、実際の支払いは翌月か翌々月になります。つまり、予算を先取りすることになります。

そのため、クレジットカードを多用すると、今月いったいいくら使っているのかが非常に把握しづらくなり、支出の管理が難しくなるのです。

支出の管理は、お金を貯めるための基本中の基本です。

よほど大きな買い物をしないかぎり、ポイントなどは微々たるものです。「ポイントが2倍だから」などという理由でよけいな買い物をすれば、あっというまに数千円、数万円の無駄づかいにつながります。

クレジットカードを利用するのであれば、きちんと管理できることが絶対条件です。現在、クレジットカードの利用残高（支払いが完了していない金額）がわからないという人は、クレジットカードを使う資格はないというくらいに考えてください。

クレジットカードの管理方法は、以下の2つをおすすめします。

❶クレジットカードを使ったら、利用金額分を引き落とし月の予算（使えるお金＝生活費）から差し引く

❷引き落とし専用口座をつくり、クレジットカードを利用したら、利用金額分の現金を当月予算からその口座に入金する

カードの枚数は、多くても2、3枚程度にとどめましょう。

私は会社のカードと個人のカード、それぞれ1枚ずつしか持っていません。ポイントはマイレージに換えて、いつか旅行に使うのを楽しみにしています。

あちらこちらに中途半端なポイントを貯めるよりも、一本化したほうが管理も楽です。

また、カードをつくる際は、ETC利用（高速道路の料金支払い）、航空会社のマイレージを貯める、海外旅行保険つきなど、自分のライフスタイルに合ったものをおすすめします。

貯まる家計の財布はひとつ

共働き家庭では、夫婦別財布といって、夫と妻がそれぞれ自分の稼いだお金を管理するケースも多いようです。

夫は住居費と水道光熱費を、妻は食費や雑費を負担し、保険や携帯代金、おこづかいなどはそれぞれでまかなうというようなやり方です。中にはすべての支出を完全折半にする家庭もあるようです。

夫婦別財布は、それぞれが独立した経済を確立できるため、精神的にも気楽で効率的に思えます。また、自分が働いて稼いだお金なのだから、自分で管理するのが当たり前だと主張する人もいるでしょう。

しかし、お金を貯めたいなら、そして夫婦円満でいたいなら、別財布はおすすめできません。財布はひとつが原則です。

財布をひとつにするとは、夫の収入と妻の収入を一本化し、世帯の収入として考えることです。

お互いの収入をひとつにしてから、あらかじめ決めた貯蓄額を天引きし、残りをさまざまな支出に振りわけるのです。

夫婦別財布では、お互いの収支はブラックボックスです。

中には、相手がいくら稼いでいるのか、いくら貯蓄しているのかもわからないという家庭もあります。

相手の収支が見えないと、2人で同じ目標を持つことができません。「相手が貯蓄しているだろうからいいだろう」と、自分の支出にだけ甘くなることもあります。

また、突発的な支出をどちらが払うのか、妻の出産・育児休暇中はどうするのかなど、将来のケンカの種にもなりかねません。お金にまつわるささいなことが大きな不信感につながることもあります。

序章で述べたとおり、お金とうまくつきあうためには、誠意が大切です。結婚したらお互いの収支を開示し、家計について2人できちんと話し合うことが必要です。

好きに使えるお金がないのは息苦しいというなら、こづかいの額を多少増やして、そこは各自が自由に使ってよいと決めておけば、精神的な余裕も生まれるはずです。

ポイントは、こづかいの額や家具・家電などの比較的大きな支出などについて、お互いが納得するまで話し合うこと。そして、思いやりの心を持ってお金の使いみちを決めることです。

中には貯蓄額を増やすために、夫のこづかいを必要以上に削ってしまうケースがありますが、これは夫婦不和の原因になります。

どちらが家計管理を担当するかも、話し合って決めましょう。私は家計管理が苦手だったので、わが家では妻が担当していますが、管理担当は妻でも夫でも、得意なほうでよいと思います。

「お金に色はついていない」は本当か？

たとえば10万円の収入があったとしたら、それにはかならず収入先というものがあります。

給料として得たお金なのか、売上とした得たお金なのか、投資で得たお金なのか、不動産を売って得たお金なのか、ギャンブルで得たお金なのか、あるいは誰かにもらったお金、借りたお金なのか……。

入ってきたり、出ていったりするお金には必ず相手があります。

入金の10万円が給料の振込であれば相手は会社ですし、売上であればお客さまです。

目の前にあるお金は、どんな理由で、どんな相手から得たものなのか、きちんと考える習慣をつけましょう。

たとえば借金をして手に入れた10万円は、給料として得た10万円とは意味が違います。借金はいつか返さなければならないものです。

また、誰かからもらったお金は突発的なもので、定期的なものではありません。自分の力で得たものでもありません。

「お金に色はついていない」とよくいわれます。これは給料つまり労働の対価で得た1万円も、人からもらった1万円も、お金はお金で同じ価値があるという意味の言葉です。しかし私はそうは思いません。日々の労働の対価として得るお金のほうが、はるかに尊いものです。

支出についても同様です。きちんと考え、計画して使う10万円と、衝動買いやギャンブルで使う10万円とでは、その価値は明らかに違います。

投資はお金を減らさないためにする

お金を得る手立てには、自分で働いて稼ぐ以外に、投資して増やすという方法があります。さまざまな書籍などでも「株や投資信託でお金を増やしましょう」

とすすめています。

しかし私は、個人の能力で投資を確実に成功させるのは、まず無理なことだと考えています。

投資というのは相手（投資対象）まかせ、景気まかせです。個人の力でコントロールできるものではありません。

景気が上昇すれば株価も上がり、多くの投資家が儲かりますが、上昇し続けることは確約できませんし、いつ暴落が起こるかもしれません。

素人の一般人が売買タイミングを見極め、投資で確実に成功し続けるのは至難の業なのです。

老後資金をまかなうために投資をすすめるというような主張には、私は反対です。あなたのライフプランにあわせて株価が上下するという、都合のよいことが起こるとは思えないのです。

何がいいたいのかといえば、お金を得る手段、増やす手段として、自分でコントロールできない投資を頼ってはいけないということです。

ただし、投資自体を否定するわけではありません。

投資をするなら、資産を増やすためではなく、インフレ時に資産を減らさないために検討することをおすすめします。

デフレ時は現金を持っていれば価値が上がりますが、インフレ時に現金を持ち続けると、価値が下がるからです。

インフレ率が2％を超えるような明らかなインフレになったら、低リスクの投資を検討してもよいでしょう。

投資を検討するときは、ぜひ、次のことを念頭に置いてください。

・余裕資金でおこなうこと（万が一なくしてもよいお金でおこなう）
・自己責任でおこなうこと（損失を出しても、責任はすべて自分で負う）
・資産を集中させないこと（できるだけさまざまな対象に分散投資する）
・依存しないこと（投資で儲けようとしない）
・インフレ対策であること（資産を減らさないためにおこなう）

相続財産をあてにしてはならない

親からの相続財産は、当然自分のものと考える人がいます。しかし、この考えは間違っていると思います。

結論からいえば、相続財産はあてにしないこと、最初からないものと考えるべきです。

私たちが生きていくためのお金は、自立してまかなうべきものです。

貯蓄は自分たちの力ですべきことであり、本人の努力や能力に関係ない、親からもらうお金をあてにすべきではありません。

仕事柄、私はたくさんの相続を見てきました。

きょうだいが遺産をめぐって骨肉の争いになったり、相続人ではない配偶者が口を出して大揉めしたりというケースは数えきれません。相続が原因で仲のよかった者同士が絶縁し、一生消えない心の傷を残すこともあります。

私は現在、税理士業務をほとんど行っていません。他人事とはいえ、こういった相続争いを目の当たりにするのが、耐えられなくなったのです。

平均寿命を考えれば、50代か60代くらいで親が亡くなるというケースが多いでしょう。残りの人生はまだまだ長いのに、人生の後半になってきょうだいや親戚と対立して生きていくのは、決して黒字の人生とは思えません。仲のよかった人たちを失い、人間不信になって生きていくのは、人生における大きな損失といえるのではないでしょうか。

捕らぬ狸の皮算用という言葉があるように、あると思っていた遺産がなかったり、親の老後に不測の事態が起こって財産が大きく目減りすることもありえます。相続に過剰な期待をすることは、非常にリスクが高いことだともいえます。

人間関係がお金によって180度変わることは、驚くほど多くあります。

繰り返しになりますが、相続にまつわる醜い争いが起こるのは、相続財産をもらうのは当然の権利だと思い込むからです。

親のお金は、自分のお金ではありません。もしも遺産が入った場合は「想定外の収入だから、大切に使おう」というくらいの気持ちが重要です。

相続にかぎらず、他人のお金に頼らないというのが、お金と向き合う誠実さだと思います。

自分がお金を遺す立場になっても同様です。

子どもにたくさんのお金を遺したいなどと考える必要はありません。

お金を遺すよりも、子どもには適切な教育を与えるほうが、はるかに有意義です。教育こそが、親が子に贈る最大の財産です。

誰かに金銭的な迷惑をかけることなく人生を終えることができれば、十分黒字の人生です。

第1章のまとめ

・貯蓄とは将来の支出であり、必要な貯蓄額は人によって異なる。
・たとえ少額でも、コツコツ貯めることで大きな実をつける。
・資産と負債を把握し、純資産（資産－負債）を増やし続けることが家計の基本。
・家計簿をつけるなら、振り返り（分析）が重要。
・貯蓄は必ず天引きして、あまったお金を自由に使う。
・他人のお金をあてにしてはならない。

第2章

使う編

お金は人生を楽しむためにある

第2章のポイント

何にお金を使うかは、その人自身、そして人生を映す鏡のようなものです。

しかし、支出の中には、明らかに価値のあるものと、価値のないもの（無駄づかい）があるのも事実です。

本章では、自分らしさを失わずに、価値ある支出を選ぶヒントを紹介します。

お金は何に使ってもいい

あなたのお金は、何に使おうと、あなたの自由です。

おいしいものが好きで、外食が多く、食材にもこだわる。
旅行が好きで、長期休暇は海外旅行、連休は国内旅行によく出かける。
おしゃれが大好きで、服や靴などにはお金をかける。

どれも正解だと私は考えます。お金を使うことで楽しみ、幸せになれるのであれば、間違いではありません。

家族がいる場合、あまり自分勝手に使うことはできませんが、家計の方針はそれぞれです。パートナーとお金の使いみちについてしっかり話し合いができているなら、何にお金を使おうが、かまわないのです。

よく、雑誌のマネー特集や節約特集などに、モデル家計や家計診断のようなものが掲載されています。そういったものを見て「うちは食費が高いのかな」「レジャー費が多すぎるかもしれない」と感じることもあるでしょう。

しかし、そんなふうに感じる必要はありません。しょせん「うちはうち、よそはよそ」です。あなたにはあなたの価値観があるはずです。

お金はあなたが価値があると考えるものに使えばよいのです。

ただし、条件があります。

❶支出が収入を上回らないこと

❷貯蓄が増え続けていること

この2つができていることが大前提です。

まずはこれを肝に銘じておきましょう。

使ってよいお金、本当はいくら?

いちばん理解しなければならないことは、あなたが自由に使えるお金には、かぎりがあるということです。

前項であげた、❶支出が収入を上回らないこと、❷貯蓄が増え続けていることという2つの大切な条件。実はこれができていない人が多いのです。

お金は好きなことに使ってよいのですが、あくまでも収入の範囲内、さらに将来を考えた貯蓄分を引いてからです。

食にお金をかけ、旅行に行き、好きな服を買い……と、やりたいことをすべてしていたら、使えるお金をオーバーしてしまうでしょう。

あなたは、あなたの使えるお金に、生活を合わせなければならないのです。

そして、生きていく上では、最低限のコストがかかります。衣食住をまかない、社会保険料や税金を支払わなければなりません。

給料の額面が50万円であっても、まるまる50万円、好きなことに使えるわけではありません。

あくまでも、私たちが使えるお金は、収入から貯蓄分を引き、さらにそういった生きるためのコストを引いたものです。

収入－貯蓄－生きるためのコスト＝自由に使えるお金

このシンプルなしくみを、心に叩き込んでほしいと思います。

世の中には、初心者向けの投資関連の本があふれていますが、この本質がわかっていない人には、投資など１００年早いのです。

肝は支出のコントロールにあり

お金を貯めるためには「収入を増やせばよい」という人がいます。

しかし、普通の会社員であれば、そう簡単に自分の意思で収入を増やすことはできません。

副業など、そう簡単にうまくはいきません。深夜にアルバイトをして体を壊し、本業に支障が出るようでは本末転倒です。

意外かもしれませんが、企業の管理会計（マネジメントアカウンティング）で論じられるのは、9割が「支出」についてです。企業側のテクニックによってコントロールが利くのが支出であり、いかに支出を減らして利益を増やすかが重要であるというわけです。

家計も同じです。純資産を増やすには、収入を増やすよりも支出をコントロールすることのほうがはるかに大切です。

年単位の予算を立ててみる

支出をコントロールするためには、予算を立てることが大切です。

つまり、「何にどのくらい使うか」をあらかじめ決めておくということです。

住居費、水道光熱費、食費、レジャー費など、各項目の予算をあらかじめ決めておけば、「いくら使ってよいか」がわかり、安心してお金を使えるようになります。同時に使いすぎも防ぐことができます。


予算を立てるときのコツは、最初に年単位で考えるということです。

なぜなら、予算を月単位で考えると、旅行や帰省の費用、税金の支払いなど、その月だけにかかる特別支出を管理するのが難しくなるです。

たとえば年間の手取りが400万円で、そのうち60万円（月5万円）を貯蓄すると、残りは340万円です。そこから旅行・帰省費用、家具・家電購入費、税金といった特別支出を差し引きます。特別支出が40万円だとすれば、残りは300万円です。これを12カ月で割ると、25万円です。月25万円でやりくりしていけばいいことになります。

25万円の範囲内で、住居費、水道光熱費、食費、レジャー費、こづかいなどを割り当てていけばいいのです。

このとき家計簿をつけていると、過去の支出を確認できるため、予算を立てやすくなります。家計簿を参考にして予算を立てれば、かなり現実的な数字が導き出せるはずです。

予算は、あまり厳格でなくてもかまいません。項目ごとに「だいたいこのくらい」と決めておけば、オーバーしすぎることはないでしょうし、決めた生活費の範囲内で収まっていれば問題ありません。

年単位で帳尻を合わせることができれば、合格です。

楽しいことから決めていく

予算を決めるときのコツは、楽しいことを最優先に考え、あとから調整していくことです。

「夏休みに家族旅行に行きたい→20万円」「趣味の道具を買い替えたい→10万円」というように、楽しむための予算を先取りしてしまいましょう。

そうすれば、予算を割り当てる作業も楽しくなるはずです。

ワクワクするような予定があれば、「家族旅行に行くために、3カ月は外食なしで食費をセーブしよう」など、支出のコントロールも苦ではなくなります。

予算を組むときに楽しむことを後回しにしてしまうと、実際のやりくりでも後回しになり、実現不可能になってしまうこともありえます。

お金は、好きなことや、楽しむために使うものです。そうでなければ、せっかくのお金を生かすことができません。

いましかできないこともある

節約生活を送りながら、老後資金を山のように貯め込んでいる人がいます。第1章でお伝えしたように、貯蓄というのは将来の支出ですから、たしかに老後の備えは必要です。

しかし「あまりに老後に比重を置きすぎるのはもったいない」と感じます。

なぜなら、いましかできないこともたくさんあるからです。

「リタイアしたらたくさん旅行に行こう」と考えている人がいます。

しかしそのころには、体のあちこちにガタがきて、旅行どころではないかもしれません。食欲も落ち、旅先での食事を楽しめないかもしれません。

そもそも、旅行を楽しむためには、予定を決めて移動したり、臨機応変に行動したりという技術が必要です。若いころからの経験値があるからこそ、年老いても旅を楽しめるのです。

また、若いころは賃貸アパートで我慢し、定年後に夢の一軒家を建てたとしても、そこに何年住めるのでしょうか。

お金には、使いどきがあります。子どもが小さいうちにレジャーを楽しむ、教育費をかけるといったことも、そのときにしかできません。

適切なお金の使いどきと金額を見極められるかどうかで、人生の充実度は大きく変わるといっても過言ではありません。

だからこそ、楽しいこと、好きなことにお金を使うことが大切なのです。

収入と支出のバランスをとる

お金は何に使ってもいいのですが、家計を考える上では、ある程度の収支バランスも大切です。

たとえば、住居費（家賃）は手取り月収の3分の1程度が望ましいなどといわれます。

このことを基準に考えれば、手取り月収が25万円の人の家賃の上限は、8万円あまりということになります。このくらいに抑えておけば、バランスのよい家計になるであろうという基準です。

月収50万円の人が8万円の部屋に住む（家賃は月収の16％）のと、月収20万円の人が同じ8万円の部屋に住む（家賃は月収の40％）のでは、収支バランスがまったく異なるのです。

同じように、月収20万円の人が10万円のバッグを買うことと、月収100万円の人が同じバッグを買うことも、収支バランスが明らかに違います。

自分で稼いだお金を何に使おうが自由です。

しかし、身の丈に合った金銭感覚を持っていないと、非常にバランスの悪い家計になってしまいます。

一生かけても使いきれないほどのお金を持っているなら、ブランド物にお金を注ぎ込んでもいいし、移動はすべてタクシーでもいいし、毎晩ミシュランガイドに載るような高級店で食事をしてもいいのかもしれません。高級店というのは、そういう人たちがお金を使うために存在しているようなものですし、お金を使ってくれる人がいなければ、経済はまわりません。

しかし、年収500万円の人が急ぎでもないのにタクシーを常用していたり、何十万円もするブランドスーツを何着も買ったりするのは、収支バランスが非常に悪いといえるでしょう。

逆をいえば、十分な収入があるにもかかわらず、食事をカップ麺ですませて蓄財に励むというのも、バランスがよいとはいえないのです。

収入の範囲内で、最大限に人生を楽しむには、収支バランスのよい生活を送ることが大切です。

管理不能支出に注目する

家計における支出は、大きく2つにわけられます。

❶管理不能支出……住居費や水道光熱費の基本料金など、契約によって強制された固定支出

❷管理可能支出……食費や被服費など、毎月増減する流動支出

節約をしてお金を貯めようというときは、つい、❷管理可能支出にばかり注目しがちです。

食費を削ったり、電気をこまめに消したり、暑い日にエアコンを我慢したり、ほしいものを我慢したり……。

しかし、セーブできる金額は、せいぜい数千円程度だったりします。しかも長

く続ければ、不満がたまります。

それよりも、注目すべきは❶管理不能支出です。毎月決まった額が引き落とされているような場合、当然の支出だととらえてしまっているのです。

たとえば、あまり通えていないジムの会員費、ほとんど観ていないケーブルテレビの視聴料、使っていないカードの年会費など。これらは毎月一定額の支出になっているので、無駄に気づきにくくなっています。

さらに次の3つを見直すことで、支出を大きく減らせる可能性があります。

・車……車を手放すことで、自動車税、車検費用、保険料、駐車場代、ガソリン代などが不要になる
・保険……保険を見直し、必要なものだけに絞る
・住居費……賃貸の場合、同条件でもっと安い物件はないか探してみる

管理不能支出の無駄は、減らしても我慢や不満をともないません。最初からなかったものとして生活できるので、支障がないのです。

お金を楽しく使うための3つのコツ

私たちは自分たちが使えるお金の範囲内で人生を楽しまなければなりません。
それには、ちょっとしたコツがあります。

❶見栄にお金を使わないこと
❷自分が「価値がある」と思えるものを知ること
❸お金の価値を知ること

見栄のための支出は他人のための支出

❶の見栄については、意外に難しいことかもしれません。
「〇〇さんも持っているから」「人よりいいものを持ちたいから」「自慢できるも

のがほしいから」などなど。

これらはすべて、見栄のための支出です。

女性なら洋服やバッグ、男性なら車や時計など、本当にほしいというよりも、自分をよく見せたいという気持ちで、お金を使ってしまうのです。

個人差はありますが、私自身多少身に覚えがあるので、大きなことはいえません。いつも倹約家の妻にたしなめられています。

ただ、見栄でお金を使うということは、人に見てほしい、知ってほしいということです。裏を返せば、見栄のために使うお金は、他人のために使っているようなものです。

最低限の身だしなみや人づきあいのためのお金は、惜しむべきではありません。しかし、見栄を張るための支出に、金額に見合った価値は絶対にありません。

自分にとって本当に大切な支出なのか、「自己満足」と「見栄」の境界線をよく考えることです。

価値観＝お金のかけどころ

次に❷。お金は、「自分の価値観」を見極めた上で使うことです。

私は旅行が大好きです。子どもたちが成長したいま、妻と一緒に海外旅行や国内旅行にそれぞれ年に数回出かけます。

旅先でおいしいものを食べたり、美しいものを見たり、文化や歴史に触れたりすることに、大きな価値を置いているからです。

ただし、私たちは身につけるものにはお金は使いません。

それから、おみやげもほとんど買いません。ときたま実際に食べてみておいしかった特産の食べ物やお菓子を買って帰ることはありますが、旅の余韻を味わう程度、荷物になるのでほんの少しです。

ビジネス理論に「選択と集中」という言葉がありますが、お金の使いみちも同じです。あれもこれもとお金を使うよりも、自分がお金をかけるべきところを知り、それ以外はできるだけセーブすることが大切です。

もらったお金と稼いだお金の価値は違う

そして❸。

「お金の価値」を知ることです。

同じ旅行でも、親や配偶者が稼いだお金を使って、暇つぶしのように出かける人もいるでしょう。対して、「スイス旅行に行きたい」という夢を、3年間自分でコツコツ貯めたお金でかなえる人もいます。

同じものにお金を使っていても、後者のほうが満足度が高く、価値のあるお金の使い方をしているといえるでしょう。

高価なバッグやアクセサリーも、人に買ってもらうより、本当にほしくて、自分でお金を貯めて買うほうが、価値が高いはずです。

お金があればあるほど幸せではないのです。

それよりも、どうやって手に入れ、それを何に使うかというプロセスが、人生を黒字にするかどうかの大きな分かれ目になります。

生まれたときから経済的に恵まれ、使いきれないほどのお金を持っている人よりも、自分の力で稼ぎ、やりくりをしながらお金とつきあっている人のほうが幸せだと感じるのは、私だけではないはずです。

無駄づかいのメカニズム

生涯で無駄づかいをしたことがないという人など、まずいないのではないでしょうか。

無駄づかいさえしなければ、お金は貯まっていくのに、私たちはなぜか、無駄にお金を使ってしまうのです。

無駄づかいをする人をよく見ていると、商品やサービスを「目」だけで見ています。

「おいしそう、かわいい、きれい、かっこいい」という視覚情報が、「ほしいから買おう」に直結してしまうのです。

無駄づかいをしない人は、目で見たあとに頭で考えます。「ほしいから買おう」の前に、「本当に必要だろうか」という理性が働くのです。そして結果的に、「家に置き場所がないからやめておこう」「おそらく使わないだろうから、やめておこう」となるのです。

無駄づかいをやめられない人に、ちょっとしたコツを教えます。それは、いまではなく、できるだけ先のことを考えること。

「便利そうな商品だけれど、いつ、どんなときに使うんだろうか」
「おいしそうだけれど、賞味期限以内に食べきれるだろうか」
「すてきな服だけれど、いつ、どんなときに着るだろうか」

実際にその商品を家のどこに置くか、いつ使うか、どのくらいの頻度で使うかなどを考えてから購入を決断する癖をつけることで、無駄づかいは減るはずです。

無駄づかいの代表選手「安物買いの銭失い」

私はブランド品に興味はありませんが、同時にあまり安っぽいものにお金を使うのも好きではありません。「安物買いの銭失い」というのは、真理であると思います。

私が価値を置く支出は、食事や旅行です。

ですから、チェーンの居酒屋にはまず行きません。

あくまでも私の価値観ですが、チェーンの居酒屋の料理やお酒は、おいしいと思わないからです。

味にも満足できず、店内はうるさく、サービスも雑だと感じるのに、大衆的なお店でもひとり3、4千円くらいはかかります。そういった雰囲気が好きならよいのですが、私は好きではないので、とても割高に感じます。

3、4千円あれば、イタリアンレストランやフレンチレストランでコース料理が食べられます（飲み物は別ですが）。いいワインを頼んでしまうとそこそこの金額になりますが、それでも、ひとり1万円を超えることはないでしょう。チェーンの居酒屋に二度行くなら、おいしいフレンチレストランに一度行くほうが、はるかに満足度の高い支出だと思います。

旅行も同様です。

最近は楽なので個人旅行よりもツアーに参加することも多いのですが、格安ツアーはみやげもの屋や製造工場などに連れまわされることが多いのです。買わなければいいという人もいるでしょうが、貴重な休みに旅費や宿泊費をかけて出かけるのです。半日も興味のないみやげもの屋めぐりに連れまわされるのは、勘弁願いたいものです。

洋服もそうです。

いくら安くてもすぐに毛玉がついたり、よれよれになるようなものでは、逆に高くつきます。ブランドにはこだわりませんが、質のよい素材で、仕立てがていねいで丈夫なもの、メンテナンスがしやすく長持ちするものがいちばんです。

よりよい支出とは、誠意のあるサービスや商品にお金を使うことです。売り手も買い手も誠意を持って、売買取引を成立させることです。利益だけを追求し、質やサービスを軽視した商品やサービスに、誠意は感じられません。

やってはいけないダメな節約

お金を貯めるために、日ごろから節約を心がけている人も多いと思います。節約の成果が出て、純資産が増えていくのはうれしいものです。「もっとたくさん貯めたい」という気持ちが強くなりすぎて、節約がエスカレートしてしまうこともあります。

しかし、こういった状況には注意が必要です。貯めることにこだわりすぎて、使うことがおろそかになってしまうのです。

やってはいけない節約があります。

それは、家族を不幸にする節約です。

お金というのは、自分や家族が幸せになるためのツールのひとつです。このことを忘れていると、節約がエスカレートして、家族にストレスや不満がたまってしまいます。

お金は人を幸福にも、不幸にもするのです。

ですから、貯めるときも使うときも、お金に振り回されて不幸になるような方法をとってはいけません。

たとえば、夫のこづかいを極限まで減らす、子どもが本気でやっている習いごとをやめさせる、お風呂は二日に一度、寒いのに暖房をつけない……。

こういった節約は、心が荒みます。家計を切り詰めすぎて、気持ちがギスギスするような節約はすべきではありません。

お金持ちほどケチなのはなぜか

よく「お金持ちほどケチ」といわれます。

なぜなら、お金持ちは「無駄なものには一銭も払わない」人が多いからです。

だから彼らはお金持ちになれるのかもしれません。

「無駄なものには一銭も払わない」ということは、裏を返せば「必要なものにしかお金をかけない」ということになります。

お金持ちは「安いから」という理由で商品やサービスを購入しません。どんなに安かろうが、どんなに値引き率が高かろうが、自分に必要のないものには価値がないと考えるのです。

逆に、教育や健康に関すること、自分の趣味など、必要だと思えばお金を惜しみません。「必要」と「不必要」のラインがきちんと引けるからこそ、お金持ちになれるのでしょう。お金持ちは、ケチというより、合理的なのです。

お金と心はつながっている

多くの人は「できるだけ損をしたくない」「自分だけが得をしたい」と考えています。それなのに、実際には合理的でない選択をしてしまうことも多いのです。

ここに1万円があります。

これがギャンブルで儲けたあぶく銭であれば、多くの人は飲みにでも行って、パッーと使ってしまうでしょう。

しかし、時給1000円で10時間かけて稼いだお金であれば、そう簡単には使えず、よく考えて使おうと思うものです。

不思議ですよね。同じ1万円なのに、価値が違うように感じるのです。

ほかにも、財布の中に10万円入っていたら、気が大きくなって1万、2万と使ってしまいます。しかし財布の中に5000円しかなければ、1000円を大事に使おうと感じるのではないでしょうか。

私たちのお金にまつわる行動や判断というのは、心が関わっている部分が大きく、不合理なものなのです。このことを知っておくだけでも、何かの判断の役に立つのではないでしょうか。

2017年にノーベル経済学賞を受賞した米シカゴ大のリチャード・セイラー教授は、こういったお金にまつわる人間の心理が及ぼす影響を、行動経済学の「メンタル・アカウンティング（心の会計）」として研究しています。

ここでセイラー教授が考案した、年金加入のシステムを紹介します。

非常に有利な年金システムがあり、企業や国が人々に加入をすすめているにもかかわらず、いっこうに加入率は上がりませんでした。年金加入は経済的合理性がある選択なのに、申込書を取り寄せ、必要事項を書き込むのがめんどうくさいという理由で、多くの人は腰を上げようとしないのです。

そこでセイラー教授が考えたのが、「加入することを選択する」のではなく、「加入しないことを選択する」というシステム。わざわざ「加入しない」を選ばなければ、自動的に加入することになるというわけです。

これで、年金の加入率は圧倒的に上昇したというのです。

日本にも税優遇のある「個人型確定拠出年金（iDeCo）」という制度がありますが、加入率は1割未満にとどまっています。

家を買うべきか、買わざるべきかに決着をつける

家を買ったほうがいいのか。買わないほうがいいのか。

これは永遠のテーマともいわれる問題です。

購入と賃貸には、それぞれのメリット・デメリットがあります。ご存じの人も多いでしょう。

購入のメリットは、資産になる、老後が安心、設備のグレードが高いなど。デメリットは、住み替えしにくい、維持費がかかる、頭金が必要など。

賃貸のメリットは、住み替えが可能、修繕の必要がない、不動産価格下落の影響を受けない、災害による資産の目減りがないなど。デメリットは資産にならない、リフォームできない、老後も家賃が発生するなど。

購入派と賃貸派のメリットとデメリットは相反するものなので、どうとらえるかは本人次第です。マネー誌などの特集を見ると「ライフスタイルや価値観は人それぞれなので、一概にどちらがよいとはいえない」という結論が多いようです。

私の考えをいわせてもらえば、可能であれば購入することをおすすめします。

なぜかといえば、老後対策です。

何かを決断するときは、先を見通すことが大切です。

私たちはリタイア（定年退職）後、年金生活者となります。

再雇用などで働くにせよ収入は大きく下がりますし、60歳で完全にリタイアすれば、65歳の年金受給までの5年間は無収入となります。

老後というのは、資産を切り崩して生きていかなければならない年代なのです。現役時代と違って、病気など不測の事態も起こりやすくなります。

少ない収入のまま、いつまで生きるかもわかりません（平均寿命は男性81歳、女性87歳）。

前述したように、人生の三大支出は住居費、教育費、老後資金です。

収入が減少する老後に住居費と老後費用がダブルで必要になるというのは、かなりのマネープレッシャーです。賃貸では生きているかぎり家賃が発生しますが、持ち家なら必ずかかる費用は固定資産税くらいのものです。

ただし、ここですすめる住宅購入は老後のマネープレッシャーを小さくするための手段ですから、80歳までの住宅ローンといった無理な資金計画は論外です。身の丈に合わない高額の住宅を購入し、何十年もゆとりのない生活をしたり、住宅ローンが破たんしたりするようなことがあれば、間違いなく赤字の人生を送ることになります。

また、定年までは賃貸で貯蓄をし、老後に現金で小さな家を買おうという人もいます。しかしそう簡単に住宅資金が貯まるとはかぎらず、老後資金が手薄になる可能性が大きくなります。家賃と住宅資金のダブルでお金が必要になるため、生活にも余裕が生まれません。

会社から潤沢な家賃補助が出るというような人以外、あまり遅くならないうちに準備をはじめることをおすすめします。

遅くとも、リタイアまでに老後の住まい（ローンのないもの）を確保できると、老後のマネープレッシャーはかなり小さくなります。家を持つことは、究極の老後対策であるともいえるのです。自分の終の棲家はどこになるのか、できるだけ早く計画し、準備しておくことをおすすめします。

価値の下がらない家を選ぼう

ただし、買うのはどんな家でもいいというわけではありません。

では、どんな家を買えばいいのか。

ずばり、資産価値の高い家です。

序章でお伝えしたように、家計は複式簿記の考え方が大切です。バランスシートで資産と負債のバランスをほどよく保つためには、資産価値の高い（資産価値の下がらない）物件を選ぶべきです。

ただでさえ、住宅の建物部分は年を経ることによって資産価値が下がります。資産価値が下がるスピードが早くなると、バランスシートの負債（住宅ローンの残高）と資産（不動産価格）の乖離が激しくなります。

そうなると、まだ3000万円以上のローン残高があるのに、家の価値は2000万円に下がってしまったといった事態も起こりうるのです。不測の事態になったときに家を売却しても、ローンを完済できない状態です。これをオーバーローンといいます。

資産価値が下がらない家を選べば、バランスシートはほどよくバランスし、貯蓄によって純資産が増えていきます。たとえ家を売却するような事態になっても、売却によってローンを返済することが可能です。不動産価格が上がれば、持っているだけで資産が増えることもありえます。

買っていい家、買ってはいけない家がある

では、どんな家が資産価値の高い家なのでしょうか。

次の2つの物件なら、あなたはどちらを選びますか？

A　駅から徒歩30分（バス利用）。5LDKの広々とした新築一戸建て
B　駅から徒歩3分。築10年の3LDKの中古マンション

資産価値が高いのは、当然Bです。

まず、木造の戸建てと鉄筋のマンションでは、耐用年数が違います。法定耐用年数は、鉄筋コンクリート造りのマンションが70年、木造戸建てが33年です。築10年の差があっても、マンションに軍配が上がります。

そして、資産価値を重視するなら、利便性が重要です。なるべく駅近で都心部

に近いところ、車利用の地方でも、交通アクセスのよいところがおすすめです。長い人生を考えたとき、通勤に1時間半かかる豪邸よりも、30分で通える小さなマンションのほうが、はるかに価値が高いと私は考えます。

利便性にくらべれば、家の広さなどそれほど大きな価値はないと思っています。わが家は文京区の2LDKのマンションで、息子を4人育てました。4人を10畳に押し込めて（2段ベッド×2を利用すれば可能です）、十分暮らしていけました。現在は3人が家を出ているので、とても快適に暮らせています。

利便性のよさに加えて、環境のよい場所であることも大切です。特に子育てをするなら、近隣環境は非常に重要です。その地域の治安や教育レベル、施設の充実度などを十分に精査しておきましょう。

新築物件は、部屋もまっさらで美しく、キッチンやお風呂など水回りの設備も最新です。そういった部分に心をひかれるのも当然です。しかし、住みはじめた時点から、新築物件は中古物件になり、どんどん古くなります。水回りなどはあとからいくらでもリフォームすることが可能です。しかし、環境や地の利といった部分は、自分ではどうすることもできません。

家の広さや新しさ、グレードばかりに価値を求めると、数十年後に資産価値のない家になりかねないのです。

マンションなら断然築浅の中古がおすすめです。中古であれば管理の状態や住民の質も確認できます。新築で同じような世代がごそっと入居するよりも、さまざまな年代の質のよい住人がいて、新陳代謝が活発なマンションがおすすめです。

住宅購入では、次の点をよく確認してください。

・交通の便がよいこと（駅徒歩7分以内、通勤に便利な路線、急行停車駅、都心に直結した路線であればなおよい）
・病院・郵便局・銀行・スーパー・学校（子どもがいる場合）が近いこと
・環境（治安、道路状況、近隣住民の質など）がよいこと
・マンションの場合、住民の質、管理の質がよいこと

住宅の資産価値を考えるときは、数十年後を想像してみるのがコツです。

よい借金、悪い借金とは何か

世の中には、よい借金と悪い借金があります。

よい借金というのは、お金の有効活用ができるものです。対して悪い借金というのは、自分の欲望や欲求不満を満足させるためのものです。

一般的に、よい借金、悪い借金とは、次のように大別できます。

・よい借金……住宅や教育など〈住宅ローン、奨学金〈貸与型〉〉
・悪い借金……生活費や遊興費など〈消費者金融、カードローン、キャッシング〉

通常、よい借金は金利が低く、悪い借金は金利が高く設定されているので、金利を見ればよい借金かどうかの判断はできるでしょう。

家を購入する場合、住宅ローンを組むことになります。価格や月々の支払額が適正であれば、悪い借金ではありません。

現金で家を買えるまでお金が貯まるのを待っていたら、人生の終盤にさしかかってしまうかもしれません。退職金で立派な家を買うことを否定するわけではありませんが、家族の幸せや自身の満足度を高めたいのであれば、早いうちに住宅ローンを組んで家を買うことは、決して悪い選択ではありません。

奨学金もまた、よい借金といえるでしょう。本人に学びたい気持ちがあり、親にその余裕がないのであれば、奨学金は許容できる借金です。金利も非常に低く設定されています。ただし、奨学金の借主は子ども本人です。卒業後の生活に無理が生じないよう、借入額、返済プランを十分考慮すべきです。

悪い借金は、生活資金や遊興費などを借りるものです。

生活費や遊興費を借りなければならないということは、すでに家計管理が失敗していることを意味します。すなわち、予算の立て方が間違っているということなのです。

また、クレジットカードのリボ払いなども、非常に金利の高い借金であると覚えておきましょう。

よい借金を長く借りる

ここで、住宅ローンの考え方について、お伝えしておきます。

住宅ローンは、平たくいえば借金です。

ですから、まじめな人ほど「お金を借りている状態は落ちつかない。一刻も早く返してしまいたい」と考えるものです。

多少無理をしても毎月の支払額を上げ、借入期間を短縮して、日々節約に励みながら住宅ローン返済を頑張っている人はたくさんいるはずです。

たしかに、借入期間が長くなれば総支払額も増えますから、早く返してしまったほうが賢明に思えます。

しかし前項で述べたように、住宅ローンはよい借金のひとつです。家計の範囲内で無理なく返済を続けられるのであれば、あまり気にする必要はありません。

それどころか、私は住宅ローンは長く借りたほうがよいとさえ考えています。

住宅ローンについて、貸主側（金融機関）と借主側（私たち）のリスクについて考えてみましょう。

金融機関のリスクは「貸したお金を回収できなくなること」です。

お金を貸したら、完全に回収するまで気を抜けません。遠い未来ほど不測のリスクが起こる可能性が大きくなるため、できるだけ早く回収したいというのが金融機関の本音です。長期で貸して多少の利息を得るよりも、短期でさっさと返してもらえるほうが、金融機関にとってはありがたいのです。

対して私たちのリスクは、返済不能になり、生活が破たんすることです。

ぎりぎりのローンを組めば、生活に余裕が生まれません。返済を頑張りすぎて貯蓄（プールした現金）がまったくないという人がいますが、これは非常にリスクの高い状態です。

将来、リストラや転職によって収入が減ったり、子どもの教育費が思った以上にかかることも十分考えられます。そんなとき、住宅ローンが支払えず、カードローンでお金を借りてしまうようなことがあれば、本末転倒です。返済不能に陥れば、家を手放し、借金が残るという可能性も十分考えられます。

これらのリスクを軽減できるなら、多少支払い総額が増えるくらい、たいしたことではないのです。

家計管理も会社経営も、大切なのは、存続させることです。よい借金をして、無理なくゆっくり返す。これが人生を黒字にするよい借金のコツです。

保険加入の正しい考え方

生命保険、医療保険、がん保険、収入保障保険など、世の中にはさまざまな民間保険があります。

どんな保険にどのくらい入るべきか、よくわからないという人も多いのではないでしょうか。

保険の見直しや検討をする前に、保険とは何か、その本質を考えてみましょう。

そもそも保険というのは、病気や死亡、事故といった万が一の不幸に見舞われた人を、みんなで出し合ったお金で助けるという相互扶助のしくみです。

保険は万が一の不幸が起こったとき、自分ではまかなえない部分を保険金でカバーするものです。万が一が訪れなければ、お金を出しただけで終わります。


世の中には、保険がいらない人がいます。

そう、お金持ちです。

万が一の不幸をカバーできるだけのお金があれば、保険はいらないのです。お金持ちとまではいえなくても、自分でカバーできるだけの貯蓄があれば、原則、保険は必要ないといえます。

普通の人がすべての万が一の事態に備えたら、保険料は天井知らずになってしまいます。その結果、保険をかけすぎて赤字になったり、貯蓄がおろそかになっては元も子もありません。

自分にとって本当に必要な保障は何か、万が一の確率やそのときの必要額、その後の生活などを勘案することが必要です。

そして、「保険には入っていない」という人も、すでに保険に入っています。それが公的保険です。みなさんが毎月支払っている年金保険料や健康保険料には「保険」という文字が入っています。

日本は公的保険が比較的充実している国です。病気やケガで高額な医療費がかかった場合でも「高額療養費制度」というしくみによって自己負担は月額10万円程度ですみます（高額所得者はもう少し上がります）。

公的年金のおかげで老後生活の一部はまかなえますし、大黒柱が死亡したときは、遺族年金などの保障もあります。

一般的な家庭の場合、民間保険は必要最低限の医療保険と生命保険で十分だと私は考えます。

医療費自体は健康保険があるのでそれほど心配することはないのですが、病気で働けなくなるというリスクがあります。医療保険は生活保障の一部というくらいに考えておきましょう。

生命保険は葬式代が出るくらいの最低限の加入でよいでしょう。子どもが小さいうちは、気持ち厚めにしておいてもいいかもしれません。

住宅ローン返済中は団体信用生命保険への加入が義務づけられている場合が多いので、それを生命保険のかわりと考えてもよいでしょう。

老後の不安は簡単に解消できる

老後の不安を感じているという人がたくさんいるようです。

老後資金は1億円必要だとか、3000万円で十分だとか、あやふやな情報を見聞きすることも、不安に拍車をかけるのかもしれません。しかし、漠然とした不安を感じながら人生を過ごすのは、もったいないことです。

老後不安の正体は、先がわからないことです。ですから、ある程度の見通しを立てることができれば、安心できるのです。

具体的には、老後の生活で、年金などの収入とそれまでの貯蓄をどう使っていくかということです。

　まずは、自分の老後の生活をイメージしてみましょう。

「再雇用制度で年金受給開始の65歳までは収入を得たい。そのころには子育ても住宅ローンも終わっているから、主な支出は夫婦２人の生活費と社会保険料くらいだろう。元気なうちは月に一度は趣味の登山に行って、年に数回は旅行にも行きたい。でも、体の不調で病院通いをすることもあるかもしれないな……」

　こんなふうに老後の生活をイメージして、60代、70代、80代の支出を考えてみるのです。

　仮に、老後生活の平均支出が月25万円、夫婦でもらえる年金額が月20万円だとします。不足額は月５万円、年間60万円です。仮に90歳まで生きるとすれば、65歳からの不足額は60万円×25年＝１５００万円ということになります。不測の事態に備えて５００万円くらいの余裕を持たせるとしても、２０００万円あればひとまず安心ということになります。

　もう少し細かく考えれば、さらに正確な数字が導き出せるでしょう。貯蓄が足りずに厳しいという場合は、老後生活の予定の支出を見直し、引き締めることも必要です。

「60代のうちは、年に3回くらい海外旅行に行きたい」という人もいるでしょう。その場合は、その分老後資金を増やしておきましょう。

また、「自営業で年金が少ない」という人もいれば、「夫婦でずっと共働きだから、もらえる年金額も多い」という人もいるでしょう。

老後の収入や支出は人それぞれです。いたずらに不安を感じるよりも、自分の未来を予測し、早めにお金の見通しを立てることです。そしてざっくりでもいいので必要額を割り出し、それに向けて計画的に貯蓄していくことで、老後の不安はどんどん小さくなるはずです。

老後不安の解消は、幸福感にもつながります。一刻も早く解消しましょう。

第2章の まとめ

・お金は何に使ってもいいが、❶収入が支出を上回らないこと、❷貯蓄が増え続けていることが絶対条件。
・予算を立てるときは、楽しいことを優先して考え、調整していく。
・管理不能支出に注目すれば、使うお金を大きく削れる。
・誠意を感じられる商品やサービスにお金を使う。
・老後の家計を考えれば、家は購入したほうがよい。
・老後の不安は、将来をイメージし、先に見通しを立てることでどんどん小さくなる。

第3章

生きる編

よりよい人生を送るためのヒント

第3章の ポイント

お金がたくさんあっても、時間を上手に使い、よい人間関係を築くことができなければ、黒字の人生とはいえません。

あなたは自分の時間をどんなことに使っていますか？　そして、まわりの人とどんな関係を築いていますか？

本章では、お金と関係が深い時間の使い方や人間関係について、考察していきます。

あなたの時間はいくらで買える？

突然ですが、あなたの1時間はいったいいくらでしょうか？

あなたの年収が500万円、一日8時間、年260日間働いているとすれば、単純計算で日給1万9200円、時給約2400円です。

さらに割ってみましょう。

5分で200円、1分40円です。

これが、社会的に見たあなたの時間の価値ということになります。

あなたはかぎりある人生の貴重な時間をお金に換え、その対価として賃金を得ているのです。

そう考えていくと、たった5分でも無駄に過ごせないとは思いませんか？

お金はもちろん、時間を浪費しない癖をつけましょう。

私たちに与えられているのは、一日24時間です。睡眠や食事、入浴などを除けば、活動できるのはせいぜい半分の12時間です。

仕事をしたり、勉強をしたり、読書をしたり、趣味に打ち込んだり、友人と会ったり、家族と過ごしたり……。

その12時間を、いかに価値ある時間に割り当てるか、これが人生を黒字にするための大切なポイントになります。

時間の割り当ては、第2章でお伝えした予算の割り当てによく似ています。時間を何に使うかをきちんと考えないと、貴重な時間をだらだらと過ごし、時間の無駄づかいをすることになるのです。

時間の浪費は、お金の浪費と違って、取り返しがつきません。

最近はスマホのゲームやSNSに、毎日何時間も使う人がいます。適度ならいいのですが、延々ゲームに興じたり、他人の投稿を眺めながら過ごす時間に、あまり価値があるとはいえません。

時間を有効に使えているかどうかを判断するには、それが未来につながっているかどうかを考えることです。未来に続くいま、どんな時間の使い方をしているかが、あなたの人生を変えるのです。

時間も家計簿のように、記録をとってみることをおすすめします。

一日24時間、睡眠、仕事、通勤、食事、入浴、テレビ視聴、ネット閲覧など、何にどのくらい時間をかけているのかを記録し、振り返り、分析することで、時間の無駄づかいが見えてくるかもしれません。

「時間コスト」を考えて行動する

「商品やサービスを購入するときは、価格に見合う価値があるかを考えた上で代価を支払う」

お金を少しでもセーブしようと、こういったコスト意識を高く持っている人は多いのではないでしょうか。

同じように大切なのが、「時間のコスト」です。

時間のコストを考えていない例としてよくいわれるのが「50円安い特売の卵を買うために、1時間かけて隣町のスーパーへ行く」というような行動です。

この場合、この人の1時間はたった50円で買えることになります。

いまの日本で、時給50円で働く人はいません。前項で計算したあなたの時給はいくらだったでしょうか？

時間のコストを考えず、目に見えやすい「50円引き」につられてしまう人が、驚くほど多いのです。

働き盛りの独身サラリーマンがいます。

彼は節約のつもりで、毎日アイロンがけに30分も費やしています。

しかし、クリーニングに出せば数百円ですみます。形状記憶シャツを買えば、初期費用のみです。

彼がアイロンがけに使っている30分は、1年で約180時間にもなります。この時間を勉強などほかのことにあてれば、彼の未来は変わるかもしれません。

ある営業マンが取引先に出かけようとしています。

電車で行くと1時間で交通費が300円かかる場合と、タクシーで行くと15分で1500円かかる場合。目に見えやすいお金だけを考えると、電車を選ぶほうが1200円も安くて経済的に思えます。

しかし、会社が彼に1時間あたり2000円を支払っているとすれば、前者の電車の場合は2000円（＋交通費300円）、後者のタクシーの場合は500円（＋交通費1500円）です。しかも、タクシーを使えば商談に45分も多く使えます。

実は、タクシーのほうが合理的なのです。

節約しようとして、お金のコストを考えている人は多いのですが、時間のコストを考えられる人はあまりいません。

時間のコストを考えて行動する癖をつけると、人生の密度が濃くなり、時間の価値が上がります。

他人の時間を大切にする

自分の時間コストを理解している人は、他人の時間も尊重します。

そのためには、最低限、約束の時間を守ることです（当たり前ですが……）。

世の中には、平気で約束をすっぽかしたり、約束の時間に遅れてきたりする人がいます。中には「自分も遅れるけれど、相手が遅れても怒らない」という人がいますが、自分の時間コストも、他人の時間コストも軽視しているのです。

人を待たせるということは、その人のお金を奪うのと同じです。

そう考えれば、相手を待たせるなど言語道断。お互いに少しでも楽しい時間、有意義な時間を過ごそうという意識が働くはずです。

私の経験でいえば、時間に正確な人というのは、仕事に対しても誠実な人が多いものです。有能な経営者は時間に非常に正確で、約束の時間に遅れてくるようなことがありません。誰よりも、時間の価値をよくわかっているのだと思います。

お金のどんぶり勘定はダメですが、時間のどんぶり勘定もいけません。

たとえば目標を掲げるときは、漠然と「今年中にやろう」ではなく「〇月〇日までにやろう」、「お金を貯めよう」ではなく「〇円貯めよう」というほうが、実現の可能性が上がるものです。


余談ですが、旅行に行く人に、「〇〇という店の△△を買ってきて」と気軽にお願いする人がいます。これはやめましょう。

ありふれたものならまだしも、レアなものであればなおさらです。

旅行中の時間は、ふだんの生活よりも時間コストが高いものです。

たとえば6日間30万円のヨーロッパツアーなら、単純計算で一日5万円です。

そのうちの数時間を頼まれたおみやげ探しにあてるというのは、非効率で、もったいないことです。

時間を短縮できるものにお金を使う

時間を短縮できるものにお金を使うことは、非常に有効です。

たとえば、急いでいるときはタクシーを使う、できるだけ勤務先の近くに住む。特に通勤は毎日のことですから、できるだけ短縮するに越したことはありません。

共働きの家庭なら、食洗機やロボット掃除機、洗濯乾燥機などを積極的に活用する。毎日の家事はできるだけ楽にしたほうが、家族とゆっくり過ごす時間をとることができます。


私は、ゴルフは好きではありません。

なぜなら、プレー時間のほかにも移動時間がかなりかかり、コースに出れば一日つぶれてしまうからです。

さらにスクールに通ったり、打ちっ放しで練習したりで、時間だけでなくお金もかかります。これほど拘束時間が長く、費用対効果の悪いスポーツはありません。

そのようなわけで、拘束時間の長さに閉口し、いまではやめてしまいました。

また、私はiPad、iPhone、MacBook Pro、Apple Watchなどのアップル社製品を何台も所有しています。

もともとデジタル機器が好きだというのもありますが、これらは時間を短縮できるアイテムだからです。デバイス同士での連携や同期が非常に便利で、クラウドサービスを利用すればどこにいても仕事ができます。

いまだに古いパソコンを使っている人がいます。悪いとはいいませんが、起動に時間がかかったり、なかなか接続できなかったり、フリーズしたりと、時間のロスが多いのです。

最新の情報機器は、時間の節約につながります。

楽しい予定を先に決める

第2章で「楽しいことから予算を割り当てていく」ことを推奨しました。これは時間についても同じです。

家族旅行や趣味などは、「時間がとれたらやろう」と考えていると、なかなか実現できないものです。忙しいビジネスパーソンは、特にそうでしょう。

予定を立てるときも、楽しいことから決めていきましょう。

楽しい予定というのは、すなわちより充実した時間を過ごす日ということです。これを優先しなければ、何のための人生かわかりません。

家計の予算と同じように、楽しみな予定があれば、それを励みに仕事や勉強を頑張ることができます。

私の趣味は旅行ですが、その年の旅行計画は年初に立てます。

「夏はスイスをめぐろう」「秋は京都でおいしいものを食べよう」など、先に決めておくのです。

旅行は準備も含めて楽しいものです。早いうちに予定を入れておけば、出発前のワクワク感もより長く楽しめるというわけです。

余談になりますが、妻の旅行計画の立て方を見ていると、感心することがあります。

まず、彼女はガイドブックを3冊くらい買ってきます。それらすべてに目を通して、比較検討しながら情報を仕入れます。

その中から有名観光地や穴場スポットなど、ルートに合わせて行きたい場所をピックアップしてメモします。このとき少し多めに候補をあげ、優先順位をつけています。

ガイドブックは、行きたい場所に関するものだけを切り取ってファイリングし、必要な部分だけ旅行に持っていくのです。

私がなるほどと感じたのは、情報収集のあと、優先順位をつけていることです。

「あそこに行きたい。ここにも行けたらいいな」と漠然と考えていると、実際にはなかなかうまくまわれないものです。優先順位があれば、本当に行きたかった場所を落とすことがありません。

また、旅先では体調が悪くなったり、雨が降ったり、交通事情が悪かったりという不測の事態が起こります。

体調がすぐれないなら近場にしておこう、雨が降ったら美術館にしよう、行きたかったレストランが休みなら第2希望にしようなど、優先順位があれば臨機応変に対応できます。しかも満足度も高いのです。

予定の立て方、時間の使い方も、家計と一緒です。何に価値を置くかを明確にし、優先順位をつけ、不測の事態に備えることが大切です。

家庭不和は人生を真っ暗にする

友人、知人、同僚など、親しい人とよりよい関係を築くことは、人生を黒字にするためにかかせません。

特に大切なのは、配偶者や親、子、きょうだいなど、より近しい家族との関係です。独身であろうと、既婚であろうと変わりません。

夫婦円満で仲がよかったり、両親やきょうだい、自分の子どもとよい関係を築けていたりしているなら、それだけで人生は大きく黒字に傾くのです。

配偶者と価値観が合わずにギスギスしているとか、親やきょうだいと仲が悪いとかいうのは、人生を赤字にしてしまう要因になります。

特に家庭というのは、毎日寝起きし、食事をとり、くつろぐ、生活の基礎となる場所です。

人生の多くの時間を過ごす家庭で、一緒に暮らす相手とうまくやれないというのは、非常に残念なことなのです。

資産の多さよりも、よい人間関係を築けているほうがはるかに重要なのです。

夫婦はお金が原因でケンカをする

結婚すると、夫と妻は生計を一にすることになります。

結婚したばかりの夫婦というのは、だいたい仲がよいものです。

しかし、生活スタイルや考え方の違いなどが重なれば、ケンカをすることも増えていきます。

夫婦ゲンカの原因に関するアンケートや統計を見てみると、「金銭面に関すること」が必ず上位に入っています。ひとつ屋根の下に暮らし、生計をともにしていれば、お互いのお金の使い方、考え方に不満が出てきて、もめることも増えてくるのでしょう。

先日、こんなことがありました。

私の著書の読者で、以前家計相談を受けたという女性からメールが届きました。現在彼女は結婚してご主人の実家に住み、ご主人は自営業をしているのですが、収入が増えずに悩んでいるというのです。ちょうど近くに用事があったこともあり、交通費のみで相談に乗ることにしました。

ご夫婦はとてもよろこんでくれました。たしかに収入は少ないのですが、2人はとても仲がよく、話し合っていろいろな策を考えています。売り上げが伸び悩み、家計が圧迫されていることには明らかな原因がいくつかあったので、それを指摘すると、彼らは私の話をとても素直に、かつ真剣に聞いてくれました。

私はこのご夫婦は、きっといい家庭を築くだろうなと確信したのです。

ある程度お金に余裕があったほうが、家庭内のもめごとは減るでしょう。しかし、お金があればよいというわけではありません。

大切なのは、2人が同じ方向を向いているかどうかなのだと思います。

性格や趣味よりも大事な「金銭感覚」

親は子を選べませんし、子も親を選べません。

しかし、交際相手や結婚相手は、選ぶことができます。

そして、結婚相手という人生のパートナーによって、あなたのお金人生は大きく変わるのです。


交際相手や結婚相手の条件に、「性格が合う人」や「趣味が合う人」をあげる人は多いでしょう。しかし、性格が合うという表現は、ずいぶんあいまいなものです。趣味だって、年代や状況によって変化するかもしれません。

結婚して、生活をともにしていくなら、性格や趣味といったあいまいなものより、「金銭感覚が合う人」のほうがはるかに重要です。生活とお金というのは、切っても切れないものだからです。

想像してみてください。

・どんなものを食べるか
・どんな服を着るか
・休日や休暇をどうやって過ごすか
・どんな店で買い物をするか
・どれくらいの頻度で旅行に行くか
・どこに住むか。どのくらいの広さの家に住むか
・どんな家具やインテリアが好きか

こうした生活に関することすべてに、お金が関わっています。

これらにかける家計の比率や金額が近い相手なら、うまくやれそうな気がします。かけ離れている相手と一緒に暮らすのは、なかなか苦労が多そうです。

気が合うとか、性格が合うというのは、すなわち金銭感覚が合うということでもあるのです。お金の「かけどころ」や「かける額」が似ていることなのです。

お金の感覚が似ている人とうまくいく

金銭感覚は、大きく2つにわけることができます。

❶どれくらい使うか
❷何に使うか

まず、❶どれくらい使うかです。

月収が50万円あっても足りないという人がいれば、15万円で十分快適に暮らせるという人もいます。

月に50万円使いたいという女性が、月15万円で暮らしている男性とつきあえば、「この人とは気が合わない」と感じるはずです。

逆もまたしかりです。ふだん節約して生活している人が、金づかいの荒い人を見れば、「住む世界が違う」と感じるでしょう。

実際には、気が合わないというより、金銭感覚が合わないのです。

そのため、「どれくらい使うか」という感覚が近い人のほうが、恋愛や結婚に発展しやすいといえるでしょう。生活に必要なお金の額が近ければ近いほど、生活様式や行動パターン、考え方も似てくるからです。

次に、❷何に使うかです。

たとえば、1万円を好きなように使えといわれたら、あなたは何をするでしょうか。

おいしいものを食べに行く。観劇やコンサートに行く。服を買う。本を買う。インテリア小物を買いたいという人もいるでしょう。

1万円を何に使うかが一致すれば、「私たち、気が合うね」という状態になりやすいのです。一緒にいても楽しい時間が過ごせるでしょう。

しかし、おいしい食事のためならお金を惜しまないという人と、食事はできるだけ安くすませて何か残る品物を買いたいという人では、一緒にいても楽しくありません。それどころか、むしろ苦痛になることもあるでしょう。金銭感覚の相違は、多くの場合ケンカの原因になり得るのです。

❶どれくらい使うかと、❷何に使うか。

この2つがある程度近くないと、一緒にいても心地よくないのです。

恋人や結婚相手だけでなく、友人同士も同様です。

学生時代を一緒に過ごした親友であっても、時がたって経済面で大きな差がついてしまうと、しだいにさまざまな場面での考え方が変わっていき、つきあいづらくなるものです。

「学生時代は仲がよかったのに、最近何だかぎくしゃくする」という相手は、たいてい収入や資産、あるいはお金の使い方にずれが生じはじめているという場合が多いはずです。

人間関係に大きな影響を及ぼすのは、ほかでもない「金銭感覚」。このことを心に留めおいてください。

ちなみに、私たち夫婦は旅行が大好きです。子どもたちが小さなころから、家族旅行は優先的な支出と考えてきました。

私たちが旅行に使うお金についてほとんどケンカをしないのは、❶どれくらい使うか、❷何に使うかという感覚が近いからなのかもしれません。

収入の多寡ではなく、金銭感覚のベクトルが同じだと、無駄なく、合理的に人生を楽しめると思います。

結婚相手で、あなたのお金人生は大きく変わる

結婚相手によって、間違いなくお金人生は大きく変わります。

これは年収の多寡という意味ではありません。それよりも、前項の❶どれくらい使うか、❷何に使うかによるところが大きいのです。

毎日の暮らし方の積み重ねというのは、驚くべきものがあります。

ブランドスーツや高級時計を身につける夫と、つるしのスーツで十分だという夫では、それだけで数百万円単位の差が出るはずです。

また、料理が苦手で外食ばかりという妻と、やりくりしながら料理をするのが上手な妻では、大きな差が生まれます。仮に毎月の食費が3万円違うだけで、30年で1000万円以上の差がつくのです。

実は、私が20代後半で結婚したとき、貯金はたったの6万円でした。

当時OLだった妻の収入は私の半分以下でしたが、貯金は300万円以上もあったのです。

これには驚きました。

私は自分に関するお金にはだらしなく、どちらかというと浪費傾向がありました。対して妻は倹約家で、お金に関することはとてもしっかりしていました。家計の蛇口を出しっ放しにするタイプの私に対して、妻がさりげなく蛇口を閉めてくれるイメージです。

結果、わが家の家計は、非常にうまくまわっています。

お金の使いすぎはよくありませんが、ケチすぎるのもよくありません。同じような性格では、ケチか浪費家のどちらかに偏ってしまいます。どちらかが少しだけゆるくて、いっぽうがうまく手綱を引き締めてくれるバランスが、ちょうどよかったのだと思います。

ですから、自分がケチだと思う人は上手にお金を使える人、自分が浪費家だと思う人は倹約家な人を選ぶことが、うまく家計をまわしていくバランスなのかもしれません。

私たちには息子が4人います。うち2人は私立の医学部を卒業していますが、このときだけは本当にお金がかかりました。私自身、身を粉にして働きましたが、それにも増して妻がお金をしっかり管理してくれていたからこそ、子どもたちに必要十分な教育を与え、家庭生活をつつがなく送れているのだと思います。

金銭感覚は同じ方向を向いていたほうがよいですが、お互いにフォローし合える関係というのも、大切なのです。

結婚相手はどこを見るべきか

もしもあなたが未婚で、これから結婚相手を探そうとしているなら、できるだけ遠い未来を想像してみることです。

繰り返しますが、大切なのは、いまだけではありません。家庭生活は遠い未来に続く道のりだからです。

現在美人の彼女が、10年後、20年後、30年後にどうなるのか……。

現在年収の高い彼が、10年後、20年後、30年後にどうなるのか……。

将来が想像できないというなら、相手の親を見てみることもひとつの手です。

子どもは親の背中を見て育つものであり、親から受けた教育というのは、死ぬまで解けないものだからです。

倹約家の家庭で育てば倹約家になり、浪費家の家庭で育てば浪費家になりやすいものです。親が楽しそうに仕事をしていれば子どももそうなり、親が愚痴ばかりいっていれば子どももそれに倣《なら》うものなのです（もちろん反面教師となる場合もあります）。

個人的な意見をいわせてもらえば、時間がたっても変わりにくいのは本質的な部分です。

ですから、相手にも自分自身にも、やはり誠実さや品格のようなものがいちばん大切だと感じています。

大人ファーストでうまくいく

人生を黒字にするためには、配偶者（パートナー）との関係がキーポイントです。配偶者とよい関係を築くためのポイントは、収入の多寡ではなく、相手と心理的な間合いを上手にとれるかどうかではないでしょうか。

間合いを縮めすぎると、どうしてもぶつかってしまいます。わが家では、お互いというより妻が上手に距離をとってくれたことで、夫婦ゲンカも少なく、子どもたちも比較的おだやかに育ったと感じています。

また、わが家では、原則大人ファーストでした。

子どもが生まれると、すべてにおいて「子どもを最優先にするのが親の務め」と考える人もいるでしょう。休日は子どもの行きたいところに出かけ、食事も買い物も子ども優先……。

でも、そのために配偶者をないがしろにしたり、親である自分たちの楽しみをなくしたりすべきではないと思います。

わが家の子育ては、質素そのものでした。前述したように、4人の息子を一部屋に押し込めて、洋服も4人でお下がりをまわしていました。おこづかいも意識して、同級生よりも少なくしました。よけいなおもちゃやおやつを与えることもありませんでした。

本書で何度も言及したように、私たち夫婦は旅行が好きですから、子どもたちが小さなころから、どんなに家計が厳しくとも、家族旅行の出費だけは惜しみませんでした。

ただし旅行先は私たち夫婦が行きたい場所であり、子どもをそれにつきあわせたようなものです。息子たちは彼らなりに、楽しんでいたようではありますが。フロリダ、香港、ハワイ、シンガポール、北海道など、国内外問わず、家族でさまざまなところに行きました。子どもたちが巣立ったいまでは、私たち夫婦にとってかけがえのない思い出になっています。


これまでの子育てを振り返り、子どもたちが頑張ってよい学校に入り、よい職業についたことは、私たちの手柄ではありません。子どもたちの努力の結果だと、心から思っています。

私たち親は、彼らを支えただけでした。何せわが家は、大人ファーストなのですから。

たった数百円で信用を失うこともある

お金の使い方にも、ＴＰＯがあります。

ＴＰＯとはごぞんじのように、Time（時間）、Place（場所）、Occasion（場合）にふさわしい振る舞いをすることです。お金にも、相応の振る舞い方やマナーがあるのです。

お金にまつわることには、その人の品格のようなものがあらわれます。これはお金のあるなしにかかわりません。

お金持ちであっても、下品なお金の使い方をする人は少なくありません。

たとえば、自分の服や食事には大金をかけるのに人づきあいにはまったくお金を出さなかったり、ファーストフード店で高級レストランのようなサービスを要求したり、おごってもらってばかりだったり……。

これらは、スマートなお金の使い方とはいえません。

40代、50代になって、明らかに目下の人、後輩たちと食事に行くのに、1円単位で割り勘にするという人がいます。

若い人ならいいのでしょうが、「いい大人が、格好悪いなあ」という気がしてしまいます。

私が学生たちと食事に行くときは、少しいいフレンチやイタリアンを指定し、食事代は割り勘にして、ワインは私がごちそうするというスタイルをとることにしています。

全額ごちそうするのはさすがに厳しいということもありますが、タダは教育上よろしくありません。加えて、上質なワインに触れてほしいという気持ちもあるからです。しかも、私としては自分の好きなおいしいワインが飲めるので、両者にとって好都合なのです。

特に、冠婚葬祭でお金にまつわる非常識なことをすると、相手は忘れないものです。お祝い、お見舞い、お礼、お弔いといった節目節目では、相応のお金の振る舞いが大切です。

お金というのは、ときに誠意をあらわすものなのです。

また、安易にお金の貸し借りをしない、他人にお金の話を根掘り葉掘り聞かないなども、お金に関するＴＰＯといえるでしょう。

お金を品よく使うことで、まわりとの人間関係も円滑になっていくはずです。

それが回り回って、あなたの人生を黒字にしてくれるのです。

お金を貸すと必ず壊れる人間関係

第2章で、よい借金と悪い借金の話をしました。

では、友人や知人に「お金を貸してほしい」といわれたときはどうすればよいでしょうか。

結論からいえば、お金を貸してはいけません。

いいことは何ひとつありません。

本書が推奨しているように、収入の範囲内で生活していれば、そもそも借金をする必要はないはずです。

よほどの非常事態ならともかく、「家賃が払えないからお金を貸してほしい」「給料日まで厳しいからお金を貸してほしい」などと生活資金を借りようとするのは、すなわち身の丈に合わない生活をしているということです。

よくいわれることですが、どうしても貸したいなら、懐事情が許す範囲で、あげるつもりで貸すことです。同時に、つきあいをやめる覚悟も必要です。いうなれば、手切れ金です。

友人や知人間のお金の貸し借りというのは、たいがい貸したほうが嫌な思いをするものです。

簡単にお金を借りようとする人が期限通りに返してくることはまれですから、もやもやしたり、したくもない催促をしたりするのは貸した側なのです。借りたほうはすっかり忘れている、ということも珍しくありません。

結果、せっかくの友情にもひびが入り、関係が悪化してしまいます。

友人のためを思うなら、そしてその人とこれからも関係を続けていきたいなら、お金は貸さないことが誠意です。下手なおとこ気を出してはいけません。

友人だから、信頼しているから貸すのだという心やさしい人もいるでしょう。しかし、安易に借金をするような人が、いざというときにあなたの力になってくれることはありません。

そもそもお金を借りようとするのは、あなたのことを甘く見ているからです。つまり、あなたに対する誠意がないのです。とても残念なことなのですが、誠意のない人とは、つきあってはいけないと思います。


持ち合わせがない、財布を忘れたなどでやむをえず人にお金を借りることがあるかもしれません。そんなときは、その日中か翌日に、なるべく早く返すようにしましょう。

お金にきちんとしているだけで、人から信用されるものです。

「金持ちケンカせず」は本当だった

お金の余裕は心の余裕を生みます。

何もありあまるほどのお金が必要なわけではありません。ほんの少しの余裕が、誠実さや品性をもたらすのだと思います。

「金持ちケンカせず」という言葉があります。

まわりの人を見ても、これは真理だと感じます。お金に余裕のある人は、総じておだやかでやさしく、誠実なものなのです。

ケンカというのは、不満やストレスが引き金となり、相手を攻撃することで起こります。お金の余裕が精神的な安定をもたらすことで、不満やストレスをためこまない精神状態が続きやすいのかもしれません。

私は、競争したがる人が苦手です。競争が好きだということは、すなわち相手に勝ちたい欲求が強いということでしょう。

こちらが友好的に、対等なコミュニケーションをとろうとしているのに、そういう人は常に上に立とうとします。聞いてもいないのに自慢ばかりしたり、人の弱みにつけこもうとしたりするものです。こういう人と一緒にいても、心が落ちつかず、楽しくありません。

もしかしたら、若かりしころには、私自身にも多少そういう面があったかもしれません。しかし幸運なことに、仕事で出会ったさまざま仲間や、人生のパートナーである妻は、非常に誠実で品性のある人間でした。だから私自身も、だんだんそちら側に近づいたのかもしれません。

人と人とは、互いに影響し合うものです。

日々のコミュニケーションにおいて、あなたの言動が誰かに影響し、同様に誰かの言動があなたに影響しているのです。その積み重ねがあなたの人格をつくるのです。

つきあう人で、あなたの人生は変わっていきます。

・最低限のお金の余裕があること
・誠実な人とつきあうこと

よりよい人間関係を築くために、この2つはとても大切なことです。

第3章のまとめ

・時間はお金以上に貴重であることを認識する（自分の時間をお金に換算するとわかりやすい）。
・時間コストを考えながら何に時間を使うかを決める。
・貴重な時間を有効活用するために、楽しいことから先に予定を入れる。
・パートナーによって、お金人生は大きく左右される。
・お金に関するマナーや振る舞いで、ある程度の人格がわかる。

第4章

働く編

価値ある仕事をするためのヒント

第4章の ポイント

多くの人は、働いてお金を手に入れ、そのお金で生活しています。一般的には約40年、人生の半分は仕事をしながら暮らしていくのです。

人生における仕事の時間は、非常に長いものです。ならば、その時間をよりよいものにし、価値を高めることができれば……。おのずと収入も増えることになります。

本章では、人生で大きな部分を占める仕事について、考察していきます。

お金と時間のバランスをとるのが「仕事」

次の2つをくらべて、あなたはどちらに魅力を感じるでしょうか。

・連日深夜残業、休日もろくにとれず、好きではない仕事で年収2000万円
・残業や休日出勤はなし、ストレスのない仕事で年収200万円

あなたが感じたように、この2つはどちらも魅力的とはいえません。

前者は自由な時間が少なすぎるし、後者は生活していくのに精一杯で、金銭的な余裕がありません。

「少しくらい残業があってもいいから、年収500万円～700万円くらいがいいな」と思った人が多いのではないでしょうか。

人生は有限だからこそ、お金と時間は、バランスが大切なのです。

たとえば人気スポーツ選手の年収は高いですが、現役でいられる時間は長くありません。引退後に指導者などの仕事を得られたとしても、現役時代の年収は続きません。

同じように、現在の収入がよくても若いうちだけしかできない仕事や、休みもとれないような無理な働き方では続きません。無理がたたって健康を害するようなことがあれば、元も子もありません。

仕事というのは、多くの人にとって、人生のかなりの部分を占めるものです。一日8時間働くとすれば、一日の3分の1を労働に割くことになります。どうせ働くなら、楽しみながら、十分な収入を得られる仕事を長く続けることができれば、人生の満足度は格段に上がります。

大切なのは、現在の収入だけではありません。どんな仕事をするか、どのような働き方をするか、そしてどのくらいの収入が得られるのか、そのバランスが大切なのです。

❶専門性
❷継続性
❸親和性

この3つをキーワードに、いま一度「働くこと」について、考えてみましょう。

学歴だけが重要とはいえない理由

はじめに、❶専門性について考えてみましょう。

社会人のみなさんにお聞きします。
あなたは仕事をしていて、学歴を聞かれたことがあるでしょうか？
「ない」もしくは「ほとんどない」という人が多いのではないでしょうか。学歴は就職活動や転職活動の履歴書に書くだけで、仕事の評価や実績にはまったく影響しません。

偏差値の高い難関大学に合格し、卒業したことが社会のパスポートになるわけではありません。大切なのは、そこで何を、どう学んだかということです。

大学は、専門的な知識を身につけ、論理的思考や調査・分析力などを幅広く学ぶためにあります。また、一般教養や語彙力《ごいりょく》など、ベースの部分を強化し、学ぶ力を育てる場所でもあります。

そして社会に出てからは、それまで学んできたことを糧に、何ができるか（専門性）、何をしてきたか（実績）が重要になります。実社会では、専門性を身につけ、それをみがくことがものをいうのです。

専門性を身につけるということは、自分の強みがあるということです。そしてそれをみがくことによって、その分野の知識や経験が深まり、あなたにしかできないことが増えていきます。

すなわち、仕事の価値（希少性）が高まるのです。

誰にでもできる仕事であれば、当然収入も人並みです。しかし、専門性を身につければ自信になり、それがお金となってかえってきます。あなたの仕事の価値が高まるからです。

とはいえ、専門性というのは目に見えにくいものです。専門性を形にするために必要なのは、「資格」です。

経験のある人ならわかると思いますが、資格の勉強というのは、普通の人が知らないことばかりです。人の知らないことを学び、実践的に身につけ、それが資格という形になれば、大きな武器となります。

その資格に希少性があり、かつ実用性のあるものであればなおさらです。

私は、社会に出てからは学歴だけなく、資格が大切だと考えています。それは、自分自身が公認会計士として仕事をしながら、実感したことです。

ですから、私は子どもたちに「資格をとりなさい」と繰り返し話しました。結果、4人の息子は2人が医師、1人が公認会計士、1人がスポーツトレーナーとして働いています。

あなたにしかできない仕事（専門性）は何でしょうか？

この問いにすぐに答えられる人なら、仕事で成長しながら、自分の強みをみがいていけるはずです。

目の前だけを見ていたら未来はない

次に、❷継続性です。

仕事で成長していくためには、ある程度の積み重ねが大事です。つまり、過去の経験ということです。

もちろん、初めての仕事でもすぐに覚え、テキパキとこなす人もいます。

しかし、成長するためには、専門性の高い仕事を継続して積み重ねることがとても大切なのです。

たとえば転職時の募集要項にも「経験者採用」などとよく書かれています。経験や実績は、専門性と同様に価値があり、お金を生み出してくれるものなのです。

ですから、いくら給料が高くとも、日銭を稼ぐような仕事では、積み重ねはあまり期待できません。常に10年先、20年先の自分を見据えながら、仕事をしていくことが大切です。

たとえか細い糸であっても、未来につながっているかどうかがポイントです。

いまの仕事が未来につながっていないと感じたら、大きく舵《かじ》を切って方向転換することも必要です。

私は以前、夜間の会計大学院で管理会計を教えていました。生徒のほとんどは、税理士を目指す社会人です。みな勉強熱心で、30代、40代が中心、元いた会社を辞め、会計事務所に勤めながら学ぶ人が多いのです。

彼らはあるときふと「このままでは頭打ちだ」「何か打開策を見つけよう」と

気づいたのでしょう。新しいことをはじめたり、これまで進んできた道を変えたりすることは、勇気がいるものです。しかし現状に満足できず、不安やあせりを感じながらじっとしているよりは、ずっとよい選択だと思います。

あなたのいまの仕事は、未来につながっていますか？

この答えにイエスと答えられるなら、あなたはこれからも迷いなく仕事をしていけるはずです。

好きでなければ仕事は拷問

最後に、❸親和性、すなわち好きな仕事かどうかについて考えてみましょう。

好きな仕事かどうかとは、何も「好きなこと（趣味嗜好《しこう》）を仕事にせよ」というわけではありません。

働いていて楽しいと感じるか、やりがいがあるかといった、向き不向きや得手不得手、自分の適性の問題です。

いまの仕事で自分に向いている部分を見つけられれば、それを伸ばしていけばよいのです。

「好きこそ物の上手なれ」ということわざがあります。かのドラッカーも「好きなこととうまくやれることとの間には、ある程度の相関関係がある」といっています。

たとえば人と話をするのが極端に苦手な人が営業の仕事についたら、いくら専門性をみがこうが、経験を積もうが苦痛なだけです。体を動かすのが好きな人がデスクワークについたら、就業時間中は拷問のようなものです。

自分に向かない、好きではない仕事をするというのは、人生の貴重な時間を「嫌なこと」に費やすことになります。

たとえ年収が1000万円以上であっても、いやいや仕事をしている人は幸せそうではありません。

私は公認会計士として、監査、税務、コンサルティングなどの仕事をしてきました。中でもコンサルティングに大きなやりがいを感じました。経営状況や財産状況を分析し、会社という組織を伸ばしていくおもしろさを感じたからです。

あなたは、自分の仕事が好きですか？

❶❷に加え、この❸でイエスと答えることができれば、あなたの仕事人生は間違いなく黒字でしょう。

これは年収の高い低いではありません。これまでいってきたように、お金や時間は、その使い方によって価値が変わるからです。

リストラ・倒産におびえないために

経営危機に陥っている某大企業勤務の友人の話です。

彼の年収は1000万円から800万円に下がりました。普通の人から見れば「800万円だって十分じゃないか」と思うかもしれません。

しかし、都心に近い高級マンションに住み、子どもを私立中学に通わせていれば、そういうわけにはいきません。住宅ローンも退職金を当て込んでいたため、家計に暗雲が漂ってきたのです。

友人はついに、奥さんにパートに出ることを要求しました。これまで働いたことのなかった奥さんは途方に暮れて、このことが家庭不和の原因にもなっているそうです。

いまや、寄らば大樹の陰という時代ではありません。

大企業に入っても、難関資格をとっても、それにしがみついているだけでは未来はありません。

これまでどんな仕事をしてきたか、日ごろからスキルアップの努力をしているかが肝心です。楽をしようとして能力をみがく努力をせず、日々を適当にやりすごしているような人に将来はありません。

ときには「いまの会社がなかったら、私はどうやって稼ごうか」という想像をしてみてください。

・自分の仕事に自信がある
・ほかの会社でも十分やっていける
・独立しても食べていける

このくらいの気概があれば、リストラや倒産におびえることはありません。リストラも倒産もないに越したことはありませんが、そういう気持ちで働いていると、高い自己肯定感を持って仕事に臨むことができます。

幸せそうに見えるのは、ずる賢い人、楽をしようとする人ではありません。大切なのは、誠実に仕事に向かう態度です。実際にまわりを見てみると、やはりそういう人が成功しているのです。

お金と時間を手に入れる働き方

第3章の冒頭で、自分の時給はいくらかを考えました。

また、本章の冒頭では、お金と時間はバランスが大切だと説明しました。

たとえ年収が1000万円でも、早朝から深夜まで働き、休みもとれないなら、人生をトータルすれば赤字です。

時間も、お金も大事です。

ならば、できるかぎり短い時間でお金を稼ぐことが理想です。

そのためには、タイムチャージを上げていく働き方を心がけることです。

タイムチャージを上げるとは、すなわち時給を上げるということです。

世の中には、時給1000円の人と時給1万円の人が存在します。

時給1000円で月に20日働くと、月給は16万円です。

対して時給1万円の人は、たった2日で16万円を稼ぎます。

時給800円の人と時給1万円の人の違いは、専門性があるか否かです。仕事の専門性を高めていけば、同じ時間でほかの人よりもよいサービスを提供できたり、成果を上げたりできます。

そうすれば、おのずとタイムチャージは上がっていくのです。


有能なコンサルタントが高額の報酬をもらえるのは、1カ月議論しても結論が出ない課題を、1時間で解決できるからです。こういう働き方ができるようになれば、タイムチャージは飛躍的に上がります。

タイムチャージを上げるために大切なのは、いままでの経験をお金に換えることができるかどうかです。そういった仕事を選んだり、そういった働き方をしたりすることが、タイムチャージを上げるコツです。

つまり、いまの仕事が将来につながっているかどうかなのです。

見えない天井を破り、次のステージへ行こう

「スキルアップしているはずなのに、タイムチャージが上がらない」という人がいます。その理由は、無意識に自分の限界を決めてしまっているからです。

知り合いのスポーツトレーナーは、年収1000万円を超えているそうです。

彼は当初、1時間1万円という料金設定でパーソナルトレーニングをしていました。あるとき知人に紹介してもらったお金持ちそうなセレブ女性に「そんなに安くていいの？」と驚かれたそうです。

彼はそこで「なぜ自分は、1万円に設定したのだろうか」と改めて考えました。

彼は自分のレッスンの価値に、自分で上限を決めていたのです。その後は料金設定を上げ、同時にトレーニングの質も向上させているそうです。

仕事というのは、価値を提供するものです。

安いお金で働くことは、自分の価値をおとしめることでもあるのです。

最初に自分の時給の上限は2000円だと決めてしまったら、一生2000円のままです。そこに見えない天井があるのです。

その天井を破って上のステージに上がることができれば、5000円、1万円と、タイムチャージが増えていきます。

見えない天井の存在に気づかず、目の前のことだけ見ていると、時給が100円上がったことによろこんでしまうのです。それでは、下の階層の中で一喜一憂を繰り返すだけになってしまいます。

天井を突き破れるのは、これまで話してきたように、専門性（資格）や実績です。できるだけ希少性のある仕事で専門性をみがき続けることで、必ず上のステージに上がれるはずです。

日本の労働組合は企業単位ですから、どうしても縦社会になりがちです。

欧米の場合、労働組合が分野や業界ごとにあるため、いわゆる横社会です。年齢や上下関係よりも、個人の能力が尊重されるわけです。たとえばオペレーターから秘書へ、秘書からマネージャーへと階層が上がっていけば、タイムチャージもどんどん上がっていくのです。

だからこそ、彼らは大学に行って資格や専門分野の能力を身につけ、スキルアップし、自分のステージを変えていきます。日本も、そういった社会に近づきつつあります。

まずは100万円貯めて、武器にする

ただし、お金がないと、日々の生活のために働かざるを得ず、自分を伸ばせないのも事実です。

給料ぎりぎりで生活していれば、目の前しか見えません。ステップアップの転職など頭に浮かびませんし、資格の勉強をはじめる余裕もありません。海外で学

ぼうなどということも、夢のまた夢です。

手持ちのお金がゼロだと、早めの方向転換ができないのです。

そんな人は、まず１００万円の余裕資金を貯めることをおすすめします。

１００万円あれば、会社を辞めて転職活動をする、引っ越す、資格の勉強をする、学校に通うといった可能性が広がります。

お金の余裕は、心の余裕です。実際に転職などをしなくとも、将来を見据える心の余裕も生まれます。

第１章に戻って、１００万円貯めてみてください。

不器用さが生んだベストセラー

私の著作に『餃子屋と高級フレンチでは、どちらが儲かるか？』という本があります。

この本は会計の入門書としてベストセラーとなり、シリーズで累計45万部を突破しています。

一般的にはとっつきにくいとされる会計の本がベストセラーになることは非常に珍しいそうです。

しかし私は、自分に文才があるなどとは露ほども思っていません。

では、なぜベストセラーを書くことができたのでしょうか。

その理由は、私が不器用だったからだと思っています。

私は昔から、勉強中に立ち止まってしまうことがよくありました。

教科書や本に書いてある内容がわからないわけではないのですが、自分が本当に内容を理解し、納得するまで前に進めなかったのです。

暗記が得意で要領よく勉強できる人ならサラッと通り過ぎてしまうところを、私は通り過ぎることができませんでした。自分が納得するまで掘り下げようとする癖があったのです。

ちょっとしたことでも、どうしてそうなるのかがわからないと、先に進めない。こういった不器用なやり方で、私は10年、20年と過ごしてきたのです。

たしかに、効率的な勉強法ではなかったかもしれません。しかし、誠実な勉強法であったと、自分では思っています。

自分自身が立ち止まることが多かったからこそ、初心者の気持ちがよくわかります。そして自分が納得するまで掘り下げて勉強したからこそ、本質をわかりやすく説明することができたのだと思います。

要領よく勉強すれば、試験はパスできるかもしれません。しかし、学んだことを生かし、本当の力にするためには、本質を理解しなければなりません。

その場しのぎの勉強は、その場でしか役に立ちません。不器用でも、誠実に学んだことが本当の力になるのです。

はじめるのに遅すぎることはない

本書を読んで「私はもう50代だから、お金を貯めはじめるには遅い」「いまさら新しいことを覚えるのは無理だ」と感じた人もいるかもしれません。

しかし、何かをはじめるのに、遅すぎるということはありません。

前項で紹介した『餃子屋』の本を書いたのは、私が55歳のときでした。55歳といえば、普通ならリタイアを見据えて、そろそろ仕事のゴールを考えるような年代ではないでしょうか。

しかし、いまは人生80年の時代です。そう考えれば、50代、60代はまだ人生の7割ほどしか生きていません。あと3割も残っているのです。


ところであなたは、自分の人生のピークは何歳だと思いますか？

私は40歳のころ、人生の師ともいえる人物から「人生のピークは60歳」という言葉を聞きました。

そのときは「人生のピークは、30歳くらいではないだろうか」と懐疑的に考えた私ですが、果たして師の言葉は本当でした。

私は40代、50代で、仕事の合間に専門である管理会計についての論文を書き続けました。好きな分野だったからこそストレスもなく、集中力も発揮できたのでしょう。このときのパフォーマンスは誰にも負けないという自負があります。このことが、大手総合研究所との仕事につながりました。

40代、50代での努力で自分の専門性がさらにみがかれ、55歳でベストセラーを生むきっかけになったのだと思います。

『プロフェッショナルの条件 はじめて読むドラッカー（自己実現編）』（ダイヤモンド社）に、18歳のころのドラッカーの体験が紹介されていました。

ある日、オペラの巨匠ジュゼッペ・ヴェルディによる「ファルスタッフ」を観たドラッカーは、難解でありながら力強く人生のよろこびを歌いあげるさまに感銘を覚えます。そして、ヴェルディが「ファルスタッフ」を書いたのが80歳であったことを知り、大きな衝撃を受けたのです。

ヴェルディはファルスタッフを書いた理由を問われて「いつも失敗してきた。だから、もう一度挑戦する必要があった」と答えたそうです。その言葉を道しるべに、ドラッカーは自分の道を歩き続けようと誓ったのです。

事実、ドラッカーは自身が80歳を超えても、研究を続けました。

また同時期、ドラッカーはこんな話を書物で読んだそうです。

古代ギリシャの彫刻家フェイディアスは、アテネのパルテノン神殿の屋根に建つすばらしい彫像群を制作しました。しかし彫像の完成後、フェイディアスの請求にアテネの会計官は「誰にも見えない彫像の背中を彫り、それを請求するとは何事か」と支払いを拒んだそうです。フェイディアスは「そんなことはない。神々が見ている」と答えたのです。

誰にも見えなくても完璧を求めるその姿勢に、ドラッカーは強く影響されたといいます。

どんなことでも、はじめるのに遅すぎることはありません。たかが40代、50代で「もう年だから……」などといわないでください。いくつになっても誠実な心で前進しようとする姿勢があれば、必ず結果につながるのです。

人間は死ぬまで成長し続けることができます。あなたの人生のピークはまだまだこれから、70歳、80歳かもしれないのです。

第4章の まとめ

- 人生を黒字にするための仕事には、❶専門性、❷継続性、❸親和性が重要。
- 「いまの会社がなくなっても大丈夫」と思えるくらいの力量をつける。
- タイムチャージを上げることを意識する。
- 自分の時給の上限を決めてはいけない。
- 年齢で自分の限界を区切ってはいけない。

おわりに

人生には、お金よりも大切なものがある

最後までお読みいただき、ありがとうございます。

お金は大切なものだけれど、それに振り回されてはいけない。

私がこれまで生きてきて、深く実感していることです。

私は、たくさんのお金を手にして、贅沢三昧《ぜいたくざんまい》で遊んで暮らすことが幸せだとは思いません。それよりも、家族や友人に恵まれ、仕事に恵まれ、趣味を楽しみながら人生を送ることができたなら、これほど尊いことはありません。

三つ星レストランでの食事も、毎日食べたら飽きてしまいます。自分の稼いだお金で、たまに食べるからおいしいのです。

つまるところ、どう稼ぎ、どう使うかなのです。

お金とうまくつきあうことができれば、年収１００万円や２００万円の差は簡単に埋まります。大切なのは、価格ではなく、その価値です。

お金がうまくまわっていれば、人生もうまくいきます。血液であるお金を、人生でうまく循環させてください。

そして、もう一度、序章でお伝えした、

❶「誠実」であること
❷「時間」を大切にすること
❸「遠い未来」を見据えること

これを胸に刻んでほしいのです。

そうすれば、あなたの人生は、必ず黒字になるはずです。

２０１８年２月

林總

著者紹介

林 總（はやし あつむ）

公認会計士、明治大学特任教授（管理会計）。外資系会計事務所、監査法人を経て独立。『正しい家計管理』『老後のお金』（小社刊）『餃子屋と高級フレンチではどちらが儲かるか』（ダイヤモンド社）、『ドラッカーと会計の話をしよう』（ｋａｄｏｋａｗａ）、『会計は一粒のチョコレートの中に』（総合法令）、『年収1000万円「稼げる子」の育て方』（文響社）ほか著書多数。家計も会社経営も子どもの教育も目的は同じで、「お金」に振り回されるのではなく、「満足度の高い人生」を送るために使うべきだと説く。4人の息子の父親であり、会計のプロでもあることから、独自のアドバイスを展開している。

人生を黒字にするお金の哲学

2018年3月20日　第1版第1刷発行

著者　林 總

発行者　玉越直人

発行所　WAVE出版

〒102-0074　東京都千代田区九段南3-9-12

TEL 03-3261-3713　FAX 03-3261-3823

振替 00100-7-366376

E-mail: info@wave-publishers.co.jp

http://www.wave-publishers.co.jp

印刷・製本　中央精版印刷

NDC916 191p

ISBN978-4-86621-133-6